每一个生命挺拔如峰

一位小学校长的办学实践与探索

谢清田 著

山东城市出版传媒集团·济南出版社

图书在版编目（CIP）数据

让每一个生命挺拔如峰：一位小学校长的办学实践与探索/谢清田著．—济南：济南出版社，2019.6
ISBN 978-7-5488-3806-7

Ⅰ.①让… Ⅱ.①谢… Ⅲ.①小学—办学模式—研究 Ⅳ.①G627

中国版本图书馆CIP数据核字（2019）第128341号

让每一个生命挺拔如峰　谢清田 著

出 版 人	崔　刚
责任编辑	丁洪玉
装帧设计	焦萍萍
出版发行	济南出版社
地　　址	山东省济南市二环南路1号(250002)
电　　话	0531-86131729
网　　址	www.jnpub.com
经　　销	各地新华书店
印　　刷	山东省东营市新华印刷厂
版　　次	2019年6月第1版
印　　次	2019年6月第1次印刷
开　　本	170mm×240mm　16开
印　　张	16.5
字　　数	275千
印　　数	1-1500
定　　价	68.00元

法律维权　0531-82600329

（济南版图书,如有印装错误,可随时调换）

目 录

让每一个生命挺拔如峰（代序） …………………………… 1
教育就是让人变得强大（自序） …………………………… 1

峰之源——文化主题篇 …………………………………… 1

文化体系：聚蕴峰之魂 ……………………………………… 2
育人策略：聚力三主体 ……………………………………… 15
发展路径：筑梦峰之行 ……………………………………… 19

峰之基——教师发展篇 …………………………………… 23

教师发展：夯实峰之基 ……………………………………… 24
让每一位教师永攀高峰 ……………………………………… 25
不忘立德树人初心，争做新时代四有好教师 …………… 29
两翼齐飞四轮驱动，助力教师协同成长 ………………… 31
关于教师、学生与家长 …………………………………… 35

峰之和——家校合育篇 …………………………………… 37

构建"四级管理，区域联动"家校社运行机制 …………… 38

片区一家亲，联谊共育人，构建区域联动家庭教育新生态 …… 46
心访万家和，携手共登峰 …… 50
幸福教育人为本，家校携手共登峰 …… 56
家校携手凝聚力，幸福教育创品牌 …… 62

峰之趣——课程特色篇 …… 67

构建峰之"趣"，催生峰之"翼" …… 68
快乐四点半，把教育办到家长心坎上 …… 73
学旅并举，以旅促学 …… 75
传统文化植入课程，让教育绽放光彩 …… 79
基于目标教学的学习共同体实践 …… 82
从小组学习到学习共同体的若干细节思考 …… 89
营造动静结合、相得益彰的成长氛围 …… 92

峰之翼——登峰评价篇 …… 95

泰山文化助力，实施赏识激励的登峰评价 …… 96
又到评语撰写时 …… 100
人要在不断比较中成长 …… 102
关于班规的思考 …… 104
岳峰小学"登峰卡"使用方法 …… 106

峰之行——实践体验篇 …… 113

创新德育模式，成就生命精彩 …… 114
发挥政治核心作用，推动学校健康发展 …… 119
党旗引领铸新岳，不忘初心永登峰 …… 121
让"志愿精神"引领岳峰每一个生命挺拔如峰 …… 124
秉承岳峰精神，争做孝行少年 …… 127

加强少先队组织文化建设，助力"峰文化"品牌创建 …………… 130

峰之力——信息应用篇 …………………………………… 135
信息技术丰满羽翼，为教育教学插上腾飞的翅膀 …………… 136

峰之盾——安全保障篇 …………………………………… 141
全员参与一岗双责，构筑峰之"盾" ………………………… 142
筑牢四条防线，打造平安校园 ………………………………… 147

峰之语——交流引领篇 …………………………………… 151
敬畏·追求·学习·修身 ……………………………………… 152
掌握了沟通，你就掌握了世界 ………………………………… 154
不忘初心，牢记使命，实干担当争先锋 ……………………… 159
认真履职尽责，助力学校征程的新动能 ……………………… 163
讲好岳峰好故事，发好岳峰最强音 …………………………… 165
努力让自己的生命挺拔如峰 …………………………………… 167
少代会，梦想起飞的地方 ……………………………………… 169
建区域性校长联盟的思考 ……………………………………… 171
加强未成年人心理健康教育的建议 …………………………… 174
奉献教育心无悔，双为双争做贡献 …………………………… 178
探索现代学校教育新机制，提升学校峰文化品牌内涵 ……… 182
梦在峰顶心更远，路在脚下步更坚 …………………………… 187
建言献策，凝聚共识，绘就学校发展新样态 ………………… 191

峰之声——宣传报道篇 …………………………………… 203
家校同行，共育成长 …………………………………………… 204

用文化引领发展，让生命挺拔如峰 ………………………………… 208

峰之思——反思内省篇 · 213

幸福来自哪里 ……………………………………………………… 214
前排意识 …………………………………………………………… 216
班级治理策略 ……………………………………………………… 217
日行一善，与人为善 ……………………………………………… 218
清明节思絮 ………………………………………………………… 219
我心中的校长核心素养 …………………………………………… 221
我心目中的小学教育 ……………………………………………… 223
我们该怎样看待我们的工作 ……………………………………… 224
阅读，是个慢功夫 ………………………………………………… 226
背上行囊，整装再出发 …………………………………………… 228

峰之赋——岳峰赋 · 231

岳峰赋 ……………………………………………………………… 232

让每一个生命挺拔如峰（代序）

陶继新　谢清田

不管是百年老校，还是新建学校，都必须靠精神站立。这种精神就是学校文化，而学校文化则是一所学校的灵魂。作为学校的校长和老师，应该是学校的铸魂人、学生的筑梦人。岳峰小学始建于 2010 年，自建校之初，就立足于学校的独特优势，从"文化育人"的角度出发，探寻出一条适合自身发展的文化立校之路，并在坚持本校特色的基础上，形成了"峰文化"的独特品牌。根深才能叶茂，本固方可枝荣。文化的影响和熏陶，让每一个生命如峰般挺拔、壮美。

峰之源——幸福教育何处寻

【谢清田】对于我个人而言，经历了从农村到城市，从初中到小学的转变，我想这是一种宝贵的经历，特别是担任岳峰小学校长以来，面对一所新建学校，一切都是从零开始。我和我的团队也是秉承一种"归零意识"，高处定位，踏地而行！我一直在追问自己：我要办一所什么样的学校？我们的教育为了谁？依靠谁？

【陶继新】有这样的经历，现在办学的时候，可以让您不但考虑如何办好小学，还要考虑小学与初中的衔接，以及人才培养持续发展战略。而您的三个追问，则有哲学思考的况味；它看起来并不深奥，其实却是关乎教育的大问题。有思想有追求的校长，才会有如此的追问；而追问之后，则是积极的行动。

让每一个生命挺拔如峰

【谢清田】我们始终坚信：一所没有共同愿景的学校，是走不远的。要办一所什么样的学校？要提供一种怎样的教育？几番思索，我认为教育就是激发，引领，行善，教育就是为学生终身幸福奠基的事业，幸福感应该是教育的一条底线！基于此，我把"实施幸福教育，共创、共享教育幸福"作为学校的教育愿景。

【陶继新】苏霍姆林斯基说："理想的教育是：培养真正的人，让每一个从自己手里培养出来的人都能幸福地度过一生。这就是教育应该追求的恒久性、终极性价值。"由此可见，你们坚守的这条教育底线，恰恰是教育的真谛所在啊！

【谢清田】愿景从何而来，如何规划，需要立足学校实际。学校地处五岳独尊的泰山脚下，挺拔雄伟的泰山不但环境优美，资源丰富，更有着悠久的文化历史和丰富的泰山精神，泰山历史文化名人萧大亨的号即为"岳峰"，这些都是学校办学的优势资源。我们尝试将校名的内涵挖掘出来，既体现泰山和两部尚书的历史文化特色，又契合教育规律和孩子成长的特点，力求突出学校的文化个性。

【陶继新】文化的要义之一是可以"化"人的，即通过文化来改变人，所以，几乎所有的名校都特别关注学校文化的建设。从这个意义上来，你们是很有眼光与智慧的。学校文化并非一个空无的概念，而是与学校愿景、人文环境等相维系的。从集自然景观与人文景观于一体的五岳之首的泰山中汲取文化元素，给学校冠以"岳峰"之名，不但富有气势，而且还具有厚德载物的泰山文化特点。

【谢清田】学校有独特的区位优势，有浓厚的文化熏陶，这些都是我们办学的根基。用基于泰山精神的文化激励人、感召人、影响人、发展人，培养积极向上、朝气蓬勃、胸怀宽广、勇于奉献、顶天立地的未来公民，从而实现学校教育的目的。为此，我把岳峰教育的培养目标确定为：让每一个生命挺拔如峰！

【陶继新】泰山顶天立地，气势恢宏，不但可以厚德载物，而且也有自强不息的气场。因此，用泰山精神激励人、鼓舞人，会让人产生积极向上的精神风貌。而你们又结合学校的特点，梳理出了属于你们的教育目标，并进行了有效的实践与探索，取得了可喜的成果。

峰之魂——同登绝顶共为峰

【谢清田】 我们把打造幸福教育的"峰"文化品牌作为学校发展的主线。我们的核心育人目标是"让每一个生命挺拔如峰"。"每一个""生命""挺拔"成为学校育人的核心词。如何实现让每一个生命挺拔如峰的教育目标？我们以"立德树人"为引领，确定了德、智、体、美、劳、群六个方面的育人体系，即峰文化的六大支柱。德，厚德载物，体现峰之厚重；智，博学儒雅，体现峰之高深；体，身心双健，体现峰之雄壮；美，智趣兼备，体现峰之神秀；劳，开拓创新，体现峰之坚韧；群，合作共赢，体现峰之和谐。六个方面的育人体系和学校的核心素养培育一脉相承，即让每一名岳峰学子学会做人、学会求知、学会健体、学会审美、学会创造、学会合作。

【陶继新】 "每一个"这个核心词内含孔子所说的"有教无类"的思想，不管孩子出身贫富、智力优劣，都要进行教育。同时，这也具有孔子的"仁爱"思想，因为人生而不同，可学校却不能厚此薄彼，而应当一视同仁。"生命"这个核心词告诉我们，每一个生命体都是鲜活的，也都是不断成长的。为此，就要尊重生命，尊重其成长的规律，既不能拔苗助长，也不能贻误了其生命成长的良机。"挺拔"这个核心词让我想起了孟子的一句名言："人皆可以为尧舜。"尽管学生潜质有差异，可是他们都有可能在某个发展点上成就自己，"挺拔如峰"。

【谢清田】 听您一席话，深感我们的方向是正确的。学校秉承的教育理念是"人人皆可教，人人可成才，人人能登峰"。教育是面向未来的根本事业！教育指向的是人的发展。培养一个孩子，幸福一个家庭，造福整个社会，这是教育的落脚点。在学生成长的过程中，学校教育和家庭教育是相互依存、相互补充的。教师的主体作用在于给学生提供专业化的教育引领，协同家长共同教育好学生。家长的主体作用在于培养学生良好的习惯、健全的人格，配合教师开展好家庭教育。这两个主体力量发挥好了，才能确保学生主体发展的最优化。因此，我们只有抓好三主体共同发展，才能真正实现幸福教育的理想状态，从而助推学校内涵式发展。为此，我们提出了峰文化之下的"三主体"发展理念：把学生装在心中、把老师推向前方、把家长拉在身边!

【陶继新】 欣赏您所说的"三主体"的发展理念。把学生装在心中,就会心想他们的发展,如何让他们更好地发展;而且不只是当下的发展,还有未来的发展;不只是学业水平的提高,还有其他各个方面的提升。把教师推向前方,意在让教师有一个高远的目标与追求。高尔基说:"一个人追求的目标越高,他的才力就发展得越快,对社会就越有益。"我一直认为,教师不是教书匠,而是在发展学生的同时,自身也是生命的发展者。孔子教了一辈子书,教出了"七十二贤",同时自身也由此成为伟大的教育家。而且,不断发展的教师,其积极心态与行为也会在无形中影响着学生,让他们不由自主地"学而时习之"。把家长拉到身边极其重要,在希望孩子成人成长方面,家长与教师有着共同的愿望。因此,家长应当是学校的同盟军、贴心人。况且,家长也希望能与学校联手教育孩子。将他们拉到身边,他们会特别高兴,也会特别积极。于是,家校全力,师生同心,就会出现《周易》上所说的可喜景象:"二人同心,其利断金;同心之言,其臭如兰。"

峰之基——教育发展师为先

【谢清田】 学校发展,师资先行。我校教师队伍平均年龄30岁,全部达到本科以上学历,其中研究生5名,年轻化、学历高、专业结构合理。与此同时,我们也面临着教师经验不均衡、协同意识不足等短板。在教师主体发展上,我对木桶理论有了一些新的思考。我认为:一个木桶盛水的多少不仅取决于短板,还与长板、密合度和底面积有关系,学校就应该在教师主体发展上敢于放手、搭建平台。为此,在教师主体发展上,我们提出了"一体两翼"发展模式,即一个主体两项措施,就是以教师的发展为主体,着力抓好"领航"和"支点"两项工作。

【陶继新】 教师队伍年轻化、学历高的优势是明显的,况且他们热情高,有追求,对未来充满了希望;可是,为什么有的教师工作几年之后,就不再积极,不再学习了呢?我常常慨叹于一些从大学走出来的文学学士甚至硕士,在某个小学教了五六年语文之后,其水平就变成了小学语文水平;有的又在小学语文低段教了若干年后,则又变成了小学语文低段水平。因为学习如逆水行舟，不进则退。而这些教师由于只是专注于小学语文甚至低段小学语文学科知识，而没有大语文观意识，没有持续不断地丰富自己的文学素养，不但没有学到更优质的文化，而且连以前所学的东西也逐渐淡忘了，于是就出现了这种可悲的现象。究其原因，教师自身原因很大，不然，为什么与其同时毕业的老师有的成为省级乃至全国名师了呢？其实，学校也有责任，因为没有为他们提供持续发展的平台，也没有将其视作发展的主体。您在这方面是有远见的，也是有责任感的。年轻教师从你们学校开始了新的征程，同时，这也是他们持续发展、走向成功的一个起点。只要坚持不懈地走下去，未来的前程就一定是辉煌的。这样，他们不但可以照亮自己的人生，而且也可以点燃学生成长的火把。

【谢清田】是的，作为校长，我有责任当好教师发展的排头兵！古语云：为业师易，为人师难。学校只有为教师专业发展领好航，才能让每位教师直挂云帆、扬帆远航；也只有优秀的教师才能培养出优秀的学生。因此，学校确定了宏观引领和微观引领的策略。宏观引领主要以"教师最近发展区"为导向，为每位教师绘制最近发展和递进发展的登峰成长路线，帮助不同层次的教师自我定位，为每一个教师量身打造发展导向，促进教师有目标、有步骤地层层递进成长。微观引领主要是通过以教师一帮一为载体的"青蓝结对工程"和以协同力发展为目标的"学习共同体建设"，力求教师之间发展的协同性，达到同心同德、同学同进的目的。

【陶继新】教师发展要有远期目标，也要有近期目标。如果只有远期目标，就有可能让教师感到那只是一道遥远的风景，很难实现；设定"教师最近发展区"，则可以让他们看到这一近期目标触手可及，努力则可抵达。恰如《中庸》所言："君子之道，辟如行远必自迩，辟如登高必自卑。"当然，这个"教师最近发展区"是不断变化的，抵达这个最近发展区之后，就要制定下一个最近发展区的目标。这样，教师们就会不断地品尝到走向成功的喜悦，并在心里积淀下积极向上的思维品质。走过一个又一个最近发展区之后，原来认为的远期目标自然而然地也就呈在面前了。这个时候，还要再次确定远期目标，还要设定"最近发展区"。如此持续不断地运转，教师就会持续不断地成长。长期坚持下去，教师也就有了自我发展的欲望与期待，有了走向成功的可能。

让每一个生命挺拔如峰

【谢清田】 阿基米德曾经说过：给我一个支点，我能撬起整个地球。我认为：给教师一个发展的支点，他们定会谱写岳峰教育的新篇章。在教师专业发展上，我们重点搭建了"外环境"和"内驱力"两个支点。

一是夯实"外环境"，主要是健全科学合理的评价机制，增强向心力，积聚正能量。人都希望得到认可、赞赏和鼓励，教师也不例外，他们希望自己的努力能引起校长的关注和鼓励。教育是异常复杂的社会活动，任何评价办法都难以全面、准确、客观、公正地测量出其优劣。既然如此，学校就应该为教师创造宽松多元的评价环境。以有利于教师的成长和发展为目标，学校在教师发展上提出了"人人能登峰"的口号，制定了《岳峰小学多型教师发展性评价方案》，树立了"总有一款适合你"的思想，以此引领每位教师找准自己的最优发展趋势，形成比学赶超的浓厚氛围。宽松、多元、发展性的评价为教师的成长营造了广阔的空间。

【陶继新】 "总有一款适合你"，说得好！我们常常说学生有不同的个性，教师要对他们因材施教。其实，学校之于教师何尝不是如此呢？有的教师在这方面"不行"，在那方面则有可能"行"。因此，要做适合的教育，要让他们的"长板"更长，而不只是在"短板"上徘徊不前。有了适合教师发展的"款"之后，他们不但找到了自己的发展点，还会形成心理的快乐场。教师的幸福，不能说与工资、奖金多少无关，但更有关的是，让他们找到实现自身价值的支点，让他们经常性地品尝不断走向成功的喜悦感。这样的幸福，不但是长久的，而且也多有高尚的况味。因为在实现其自身价值的同时，他们也会将这种价值向学生及更大的范畴辐射，从而产生积极的能量。

【谢清田】 只有完美的团队，没有完美的个人。志同道合者的互助共进是教师成长的巨大支持。水落石必出，水涨船才高。人的水平取决于与之交往的人的水平。在教育界，于永正的成就不能不说与张庆、高林生、徐善俊等志同道合者的互助共进有关；李镇西、程洪兵、韩军等也是与其他名师互助共进的模范。我们每个教师都是生活在群体之中的，特立独行是不现实的。因此，只有主动与其他教师沟通、交流、互助，主动寻求团队支持，教师的成长、发展才能不断获得助推力。因此，学校提出了创建"登峰团队"的口号，制定了《岳峰小学登峰团队创建方案》和《登峰团队评价细则》，让教师在团队中人人有事干、人人有发展。学校对教师的评价纳入对团队的评价，采取捆绑式、立体化、过程性的评价方式，为教师的发展注入了新的"活力"，真正营造了"人人为我，我为人人"的协作氛围。

【陶继新】学校发展不快的一个重要原因，就是教师们各自为战。也许其中有个别教师想着自己发展，可是，当没有了发展的环境时，这种发展是不可能太快的，有时候还可能是畸形的。马云说得好："不管个人能力多强，只要伤害到团队，公司决不会让你久留——不要认为缺了你一个，团队就无法运转！"因此，要"滴水融入大海，个人融入团队"。看来，团队评价的积极意义是何其大啊！

【谢清田】二是激发"内驱力"。人无志不立，要想有高成就，必须有高追求。对既定目标的执着追求是教师专业成长的保证。

我非常赞同一个观点：优秀都是"读"出来的。因此，我们把读书成长作为教师素养提升的"切入点"。每学期，我都会为教师们推荐经典书目，积极鼓励教师们购买适合专业成长的书籍，利用每天的师生共读时间、节假日和双休日进行阅读、充电，及时撰写读书心得和反思，所购买的书籍学校予以报销，并以"微书会"为载体，通过微信平台开展读书交流活动。

【陶继新】"优秀都是'读'出来的"，说得好极了！纵观当今，真正意义上的名师，无一不是在"读"上下了大功夫的。当然，这里的读，不是不加选择地读，因为当下图书太多，优劣高下不等，如果读了低劣之书，非但不可能成长，还有可能受到其低劣思想与文化的伤害，所以要像您说的那样，向老师们"推荐经典书目"。因为读书有一个走向：取法乎上，得乎其中；取法乎中，得乎其下。我们读世界大师的经典作品，很难达到他们的水平；可是，却有可能抵达中层境界，因为大师的经典思想与语言，已经在读的过程中，渗透到我们的血液里。相反，如果读中等甚至是下等品质的作品，而走进的只是"下"或者"下下"的低级文化甚至是垃圾文化的泥潭里。

【谢清田】把基本功训练作为教师素养提升的"支撑点"。术业有专攻！教师的基本功是立身之本！我们采取定期展示、定期比武的形式夯实基本功。

【陶继新】孔子的高足子贡有一句名言:"工欲善其事,必先利其器。"读书重要,专业水平的提高同样重要。如果对其所从事的专业都不能做到精益求精的话,就很难成为一个优秀老师,甚至连合格老师都达不到。

【谢清田】把外出学习培训作为教师素养提升的"福利点"。学校积极营造良好的学习氛围,树立"学习就是最大福利"的意识。根据教师专业发展情况,有针对性地安排教师参加外出学习培训,让教师在开阔眼界、开阔思想的同时,提高学习的积极性。

【陶继新】外出培训,尤其是参加高品位的培训,对于教师的成长起着极其重要的作用。因为有些名师名家所讲的,不但有知识,也有智慧,还有思想。古人为什么说"听君一席话,胜读十年书"?因为他们走向成功靠的不只是文本知识的学习,还有其生命的实践,更有其独特的生命感悟。这种感悟有可能触及教师们的痛点,也有可能激活其生命的潜能。因此,好的培训给教师带来的"福利"是远远超过经济福利的。

【谢清田】把未来教育家论坛作为教师素养提升的"分享点"。每周四下午4:20为论坛活动时间,每次安排两名教师,畅谈教学心得,尽述同仁情怀,通过思维碰撞,互动交流,让教师们真正立足教学实际,思考问题、解决问题,以此为平台成就更多的名师。同时,学校还有目的地聘请校外名师、专家在论坛上做报告,引领教师的专业发展。

【陶继新】萧伯纳说得好:"你有一个苹果,我有一个苹果,交换之后,还是一人一个苹果。但是你有一个思想,我有一个思想,交换之后,我们每人就都有两个思想。"教师们的互相交流,也是思想的相互交换,不只是对方发展了,自己也更快地成长起来了。

【谢清田】把反思研究作为教师素养提升的"落脚点"。我鼓励教师们养成"教、读、思、写、研"的习惯,把坚持写教育日记、反思或随笔作为教师专业素养提升的重要指标,定期在学校网站个人空间中发布文章,促进教师养成反思的习惯和相互学习的意识。同时,学校建立教研与科研有机联系的机制,鼓励教师以研促教、以研促学,通过课题研究提高教师的研究水平和问题解决意识。

【陶继新】中国第一篇教育学的论著《学记》有言:"学,然后知不足；知不足，然后能自反也。教，然后知困；困，然后能自强也。"由此可见，教、读是紧紧联系在一起的，是相互促进的。孔子说："学而不思则罔，思而不学则殆。"这说明，读与思也是要联系在一起的。我在采访名师的时候发现，他们都是将教、读、思结合在一起。有了这些，写则是其必然的行为，研也是其内在的需求，于是，作品与著作，以及某些研究项目，也就结出了果实。

【谢清田】把校本教研作为教师素养提升的"生长点"。学校在时间上、内容上、形式上都给予充分的保障，除了正常的听评课、教研活动之外，还实施了"教师无课日"教研，真正让老师们铺下身子搞教研，全身投入抓教学，以学习研讨式的集体备课和任务驱动式的校本研究为载体，在课例研究中学理念，在实践反思中求突破。

【陶继新】这样的教研是基于教师需求的，接地气的，有生命力的。我不太赞成那些大而空的课题研究，因为那些离教师们太远，而且多无成效。相反，一些基于教育教学问题的研究，才是最能解决问题的，也是最受教师欢迎的。

峰之和——家校携手共育人

【谢清田】曾经拜读您写给女儿的信，特别是您在信中写道："你一路顺利时，我为你鼓掌和喝彩；你道路艰辛，失去信心时，我将给你有力的精神支持。"从中我深刻感受到您对孩子的理解、尊重、支持、引领和陪伴。正是因为有您这样优秀的父亲，才会培养出优秀的女儿。由此可见，家长对孩子的影响力是巨大的，甚至是影响终身的。

"教育的效果取决于学校和家庭教育影响的一致性。如果没有这种一致性，那么学校的教学和教育的过程就会像低级的房子一样倒塌下来。"苏霍姆林斯基的这段话中，也反映了家庭教育的重要性。

【陶继新】当时大女儿在没有征得父母同意而辞去《齐鲁晚报》公职的时候，我并不认可她的选择。可是，她一旦决定的事，我就坚持给予支持。事实证明她的选择是正确的。因为那个时候，她最需要的还是我的认可与支持。其实，大女儿在大胆地走出这一步的时候，她也是认真思考过的，有成功的可能，也有失败的可能。不管如何，对她来说，都是一笔精神财富。作为父母，应当给予孩子自主选择权，老师之于学生亦然。家长与教师，要达到思想的默契，让孩子去做尝试，甚至去做大人认为失败的尝试。这样，他们就会为自己的选择而负责，而努力，最终走出一条适合其发展的道路来。在这一点上，不少家长，还有教师，还是保守的。家校的和谐，不应当只是表面上的和事佬，而应当是瞩目孩子未来发展的引领与指导；不是走在孩子后面，而是应当走在他们前面；不光是为孩子的正确选择而叫好，还要为孩子的错误选择而祝福。因为没有磨砺，没有波折，一个人是很难成就一番大的事业的。想想我自己的生命历程，不正是在一般人难以想象的磨难中成长起来的吗？

【谢清田】真的特别钦佩您的做法，家长不仅要有敢于放手的魄力，还要具备引领成长的能力，这不是每个家长都能够做到的。

我校地处城乡接合处，外来务工、经商的子女较多，家长的教育观念和方法不均衡，学生发展得不到正确的引领，没有明确的目标，缺乏上进心和内驱力。学校需要做的，不仅仅是培养学生，还要引领和改变家长。

基于此，我们遵循"依法办学、自主管理、民主监督、社会参与"的要求，以现代学校制度建设为抓手，以家长代表大会为依托，探索家长委员会建设的方法和途径，形成了"四级管理，区域联动"家校共同体模式。

所谓"四级管理"，是指家长委员会的四级组织机构，即学校家长委员会、年级家长委员会、班级家长联谊会和片区联谊小组。其中，班级家长联谊会是最基本、最核心的单位，在此基础上化整为零，按照学生居住区域划分5至10个片区联谊小组，形成了"上下联动，组织有序，职责分明，覆盖整体"的家长网络体系。

所谓"区域联动"，是指把片区家长联谊会作为工作核心，由片区联谊组长负责组织开展片区教育活动，其目的一是优化组织，达到片区联系"零"盲区，每个片区的每个家庭都能在最短时间内取得联系；二是搭建平台，发挥不同家庭的教育资源优势，为片区的每一个家庭提供学习、交流、合作的平台，以优秀的家庭教育资源引领不同家庭的家长不断改进家庭教育方式，以点带面，辐射整体；三是教育同步，发挥片区的监督和教育优势，在学生安全管理、学校教育落实等方面达到同步、同效；四是资源开发，发挥家长的参与热情，开发本片区实践体验类课程，如社会综合实践、爱好特长培养、公民道德教育等。

【陶继新】"区域联动"很有创意！家长由此形成了一个教育孩子的共同体，不但"零"盲区，而且也实现了家庭教育的高效率。所有的家长都希望自己的孩子更好更快地成长起来，可是有的家长并不懂得正确的家教理念，也缺少教育的方法。同一个社区的优秀家长将其教育孩子的理念和方法与家长们分享后，他们就会有一种豁然开朗的感觉；而某些家长在家教中的困惑，还可以在单个或群体交流中得到解决。这样，就让绝大多数家长懂得了家教的理念，学会了家教的方法，进而对自己的孩子施以有效的教育。当今学校教育课程更多的还是停留在文本层面，而学生的成长还需要社会实践的支持，学校往往对此心有余而力不足。家长在这方面则有明显的优势，也有极大的热情，于是，片区实践类课程的开发就有了水到渠成之势，也由此促进了孩子的生命成长。

【谢清田】其实，当家长在孩子教育中出现问题或困惑时，他们首先想到的是学校。我们主动成立"家庭教育工作室"，设立"家长心声诉求中心"，向每位家长发放"家校连心卡"，落实"首问答复制度"和"限时回复制度"，被家长们亲切地称为孩子教育问题的"110"；积极开展家长驻校、家长义工（义教）、家本课程开发、示范家庭评选、督学评教等活动，让每一位家长成为教育资源的补充者、学校办学的监督者和学生个性成长的引领者。

五年来，"峰之和"家长委员会共组织家庭教育专家报告10场，妈妈交流会、爸爸交流会12次，有128个家庭被授予书香家庭荣誉称号，有62个家庭被评为文明礼仪示范家庭，有11个家庭被评为爱心公益家庭。

【陶继新】真正能让家长称为孩子教育问题的"110"并非轻而易举的事情。这需要真正关心孩子，关注家长，且能及时有效地解决家庭教育中的疑难问题。为此，学校要做很多"分外"工作，要操很多家长的心。可是，由此形成的家长对学校的信任，对于学校来说，却是一笔无形资产。学生只有"亲其师"，对老师才能"信其道"；家长也是这样，他们认为学校是他们的心理依靠，是他们真正的贴心人的时候，他们就会相信校长与教师之言，甚至会言听计从，从而让很多问题得到很好的解决。其实，一些学生出现的问题，尤其是所谓的比较严重的问题，如果往深层次探究一下，大多都有一个家庭背景在或明或暗地起着作用。而家庭问题的解决，尤其是家长对学校工作主动参与和支持之后，学校教育工作就有了事半功倍之效，孩子的成长也就有了更好的保障。

峰之趣——趣味盎然增底蕴

【谢清田】我们将岳峰学子的幸福观确定为：拥有一个终生受益的健康的身体、一个终生受益的良好的习惯、一个终生受益的持久的爱好。我们力求通过丰富的课程、多元的评价、广阔的体验，实现学生主体发展的个性化。

课程是学校教育的核心，是实现教育目的和教育目标的有效载体。课程建设方面，我们定位为"峰之趣"，力求通过丰富的课程撬动学生学习的兴趣。我们认真落实国家课程方案，将国家课程、地方课程和学校课程融为一体，优化课程结构，初步建构国家课程校本化、地方课程整合化、校本课程精品化、家本课程体验化"四化一体"的学校课程新体系，探寻适合我校实际的课程创新之路。

【陶继新】学生幸福，尤其是一生的幸福，首先需要一个健康的身体，这是生命之本，否则很难幸福。那种以牺牲学生身体健康为代价而获取考试高分的做法，绝对不是为了学生的幸福，甚至是别有企图的。习惯呢，则是学生一生成长的资本，拥有良好的习惯，一辈子享用不尽它的利息；而养成坏习惯，则一辈子偿还不完它的债务。所以叶圣陶先生说，教育是什么？往简单方面说就一句话，养成良好的习惯。而爱好之于学生同样重要，之所以说"兴趣是最好的老师"，就是因为兴趣与爱好是学习成长的内驱力。有了它，即使学得时间长，学得难度大，照样快乐，效率也高。如何让学生拥有一个健康的身体、良好的习惯与一生的爱好呢？途径并非一端，"四化一体"的学校课程新体系，无疑是一个很好的载体。

【谢清田】在国家课程校本化实施中，我们把课程标准作为根基，尝试进行"基于单元主题的课程整合"，把教材中深奥的、不易理解的、抽象的知识，"创生"成易接受的、通俗的、形象的知识，帮助学生更容易、更有效地进行学习，从而实现学习的最优化。同时，把语文节、数学节、英语节、艺体节、科技节、生命节、读书节等七大学科节课程贯穿教育教学的整个过程，力求实现"提供最适合的，选择最喜欢的，争做最优秀的"目标。

【陶继新】国家课程有其独具的优势，不管是内容还是形式，都是比较有品质的；但也有其劣势，那就是很难全部适用于水平高下不等的教师、能力大小不一的学生。为此，就要有一个校本化的过程。这需要教师对国家课程深入研究，也需要对它进行重新组合以至再加工，以适应自己学生的学习实际。而学科节则可以化难教与难学为易教与乐学，从而实现心理与教学上的高效。

【谢清田】在地方课程的整合化方面，我们在教学时间、课程内容、师资安排等方面进行统整，按照学科相近、主题编排的原则，将地方课程与国家课程相同或相近的课程内容以专题形式进行整合，使之成为专题性综合课程，并采取主题教学方式实施教学。比如，我们将"环境教育"与科学课程的有机整合，将地方课程分解主题纳入相近学科课程中，作为一个主题单元组织教学。在教学设计上，采取化整为零的方式，按主题分解，相近学科统一备课；在教学方式上，本着"能力为重、知行结合"的原则，灵活多样；在教学评价上，采取动态行为评价，注重能力立意，注重素质化多元评价，以促进学生健康主动发展。

【陶继新】地方课程重在整合，因为它尽管有其地方特色，可由于不同学科的编写者大多没有很好地沟通，学科之间的交叉就很难避免。为此，教师的一个重要任务就是要对其进行重新整合。如果没有这个整合，不但会浪费教学的时间，还会造成教与学的混乱。这个过程，教师的主导作用相对较大，所做的工作也较多。这需要责任心，也需要一定的水平与能力。

【谢清田】在校本课程的精品化建设上，我们突出抓好三类课程。一是以素养发展为主的艺体课程。学校建立了"3＋2"的体育教育模式，即每周3节常规体育课加2节校本足球课程；在不同年级开设了《快乐口风琴》和《趣味葫芦丝》，让学生人人体验艺术带来的熏陶。学校提出了"体育艺术2＋2"的思路，让每个孩子达到身心双健、智趣兼备的目的。二是以核心价值观为核心的小公民课程。学校构建了《文明礼仪教育》课

让每一个生命挺拔如峰

程体系，分学段制定不同的标准，纳入课程计划予以实施，并记入学生成长档案评价，促使学生知礼、明礼、有礼。每周一学生自主设计的"升旗课程"已成为学生"峰"文化熏陶的常态课。三是以特长培养为主的"快乐星期四"社团课程。学校开发社团课程37类，分为"校级社团课程"和"年级社团课程"两类，安排在周四下午，采取跨年级选课走班方式实施。校级社团课程为学校的精品课程，包括足球、合唱、舞蹈、三棋、民乐、轮滑、沙画、演讲与主持、创意美术、剪纸艺术等。年级社团课程立足于学生年龄特点和兴趣爱好，以健体益智、趣味制作、知识拓展、习惯养成等为主，如快乐跳绳、趣味数学、快乐英语、硬笔书法、快乐作文等课程。学校峰之星足球队在全市中小学生足球联赛中荣获"双冠王"称号，在全省足球联赛中取得前六强的优异成绩。学校三年级以上的孩子接受了游泳专业培训，掌握了游泳技能。学期末，我们通过"校本课程展示周"活动对各项课程进行阶段性考评。学校通过提供丰富的课程资源，力求让每个学生在小学五年能够至少精通一门乐器、掌握一项运动技能、参加一个社团活动、培养一个终身受益的好习惯。

【陶继新】孩子在校有没有幸福感，与体育艺术课程开设的多少有着直接的关系。儿童喜欢活动，也是长身体的时段，充足的体育课程，会让孩子在快乐中增强体质。艺术课程开设对于增强学生的审美情趣起着不可小觑的作用。孔子说："兴于诗，立于礼，成于乐。"足见其对乐教的重视，而他本人也是一个大音乐家。好的艺术，不只是让人产生美感，还可以让人在不知不觉中提升思想境界。孔子称道《韶》说："尽美矣，又尽善矣。"看来，中国古代就特别重视乐教的教化功能。

【谢清田】对学生的课程评价，我们采取"学分制"评价的方式，包括四项：一是学生学习该课程的学时总量，以考勤记录为准；二是学生在学习过程中的表现，如态度、积极性、参与状况等，按等级赋分；三是学生学习的成果，通过实践操作、汇报展示、考查考级、作品鉴定、竞赛评比等形式展示自己的学习成果；四是学生对学生的评价，对同伴参与课程的态度、与同伴合作的技巧等进行互评。

【陶继新】你们对学生的课程评价是全方位的，也是科学的。这样，教师在实施课程过程中，就会根据学生的情况，对课程进行再优化。因为不应当是先有课程再有学生,而应当是先有学生再有课程,课程是为学生成长服务的。

【谢清田】 在家本课程的体验化方面,我们充分发挥家委会第四级机构,即片区联谊小组的作用,探索开发以实践体验为主的家本课程,作为校本课程在周末和节假日等校外活动时间的延伸。如五年级二班大河片区开发的"爱心课程",他们组织孩子到儿童福利院看望脑瘫的小朋友,到敬老院慰问孤寡老人,到贫困家庭慰问有困难的学生,让孩子们深刻体会到一种社会责任感。四年级三班五环片区开发了"社会公益体验课程",在片区组长李思萱妈妈的组织下参加公益活动。丰富多彩的家本课程,不仅让孩子们增长了见识,拓宽了视野,更重要的是培养了其公民意识和环保意识,真正让他们走出校门,步入社会,有了一种别样的收获。

【陶继新】 家本课程凸显了实践性与德育价值。其实,孔子的哲学,从本质上来说是实践哲学,他的德育,更多关注的也是弟子人格的提升。所以他说:"力行近乎仁。"空洞的说教,不但达不到德育的目的,反而会适得其反。而家本课程,恰恰让德育有了落脚点。看来,家本课程,不但开阔了学生的视野,打通了他们走向实践的通道,而且也让他们的思想品格得到了升华。而家长,既是课程的实施者,也是课程的受益者,因为他们也在这个过程中受到了教育。

峰之翼——评价激励促成长

【谢清田】 我们的育人理念可以概括为"三个人人",即人人皆可教、人人可成才、人人能登峰。苏轼《题西林壁》中写道:横看成岭侧成峰,远近高低各不同。人的一生也犹如一座座绵延不断的山脉,不同阶段会展现跌宕起伏的峰峦,能够在峰峦叠嶂中成长才会拥有最坚实的人生。学生的成长也是如此,人人不同,人人都好,一方面从不同的角度去欣赏学生、发现学生,我们会看到别样的风景,另一方面教育学生人人自信,不自卑,不放弃。

【陶继新】 "三个人人"概括得好!没有不可教的孩子,只要用心教,任何孩子都能成长。不过,孩子与孩子之间是有差异的,教师对他们的期待也不能在同一个水平线上。教育更多追求的不是一般意义上的成功,而

让每一个生命挺拔如峰

是"普世价值"上的成长。人人可成才中的"才"字，也不应当停留在一般化的成才上。学生之才有大有小，有当下之才，也有未来之才。因此，教师要用放大镜看学生的优点，看他们的"才"，并享受"得天下英才而教育之"的幸福感。人人能登峰中的"峰"，有泰山高峰之峰，也有苏东坡所说的"横看成岭侧成峰"之峰。我登过好多次泰山，常常为那些白发苍苍的老人从山下爬到山顶的坚韧所感动。在一般人看来，他们是不可能登临这个高峰的，可是他们却给人一个巨大的惊喜。其实，我们的学生也是这样，教师不要认为学生不能登峰，其实绝大多数学生是可以的。

【谢清田】是的，教育离不开评价，孩子的成长需要激励！古语曰："数子十过，不如赞子一长。"评价就像一把"尺子"，度量学生的发展；而只有更多的"尺子"才能对学生做出更全面的评价。我们要用赏识的眼光从多个角度去发现孩子的闪光点，让每个孩子都能体会到成功的喜悦，只有这样才能培养孩子的自信心，激发他们的内驱力，催生他们成长的翅膀。因此，我们把学校的评价体系定位为"峰之翼"。

遵循"发现学生闪光点，评价激励促发展"的原则，我们积极推行"登峰卡"激励式评价，从德、智、体、美、劳、群六个方面探索建构了"卡章杯，两档案"登峰评价体系。"卡"是指"登峰卡"评价的三级评价方式，即基础卡——登峰卡、进步卡——登峰银卡、成长卡——登峰金卡三级，由任课教师、班主任和年级主任即时发放；"章"是指"登峰少年奖章"，每学期一次，由校长签发；"杯"即"岳峰好少年奖杯"，每学年颁发一次，根据学生积得"登峰少年奖章证书"的数量和班主任推荐情况进行颁发。"两档案"是指"家长星光推荐档案"和"学生星光足迹发展档案"，家校共同监督，共同激励，及时发现学生的闪光点。"卡章杯"登峰评价体系分为三层三级，三层即由"卡"到"章"到"杯"的递进式发展阶段；三级即"登峰卡"评价的三个过程，即基础卡、登峰银卡、登峰金卡，从而形成了以激励为导向、以学生全面发展和扬长发展为目的的发展性评价体系，激活了学生主动发展的内生力，促进了学生的健康快乐成长。

为了发挥榜样的激励作用，我们每学年末隆重举行颁奖典礼，让学生和家长共同走上"星光大道"红地毯领取奖杯，利用学校连廊一层开辟

"星光大道"专栏，对岳峰少年奖杯获得者进行风采展示，以此激发家长和孩子共同发展的动力，让每名学生都树立成长的自信，向"岳峰好少年"的标准而努力。

【陶继新】"峰之翼"评价体系对学生的激励不是短期的，而是长期的，甚至是全程的。孩子们喜欢得到肯定与奖励，但如果只是一种评价模式，只在期末的时候一次性评价，就会让很多学生看不到得奖的希望。你们的评价则不然，学生的得奖就在眼前，只要努力，人人都可获奖；但得到一次奖励并非终结，它又是另一个奖励的起点。为了再次得奖，学生就会继续努力。那么，会不会由此让学生只是为了获奖而努力呢？不会的。一次又一次的获奖且体验其成功的喜悦的过程，就会形成一种积极向上的思维定式，努力学习也就成为一种习惯，甚至定格为一种品质。而整体有了这种意识与行为之后，就会内化为一种自觉行动，进而外化成一种风景。

有了成绩愿意展示，这是人的共性，孩子尤其如此。"星光大道"则成了孩子们自我展示的一个舞台。其实，展示的不止是成绩，还有自信心的提升。有了这些品质，不但会让他们当下快乐，还会让这种快乐延伸到未来。而领取奖杯时的庄严与隆重，会让孩子与家长生成一种自豪感，幸福也就随之而来了。它甚至还可能被学生终生铭记，让美好的学校生活成为其整个生命的一个灿烂节点。

峰之行——负势竞上永攀登

【谢清田】没有经历就没有体验，没有体验就没有积淀。遵循月月有主题、周周有活动、天天有体验的原则，我们一以贯之地把体验活动作为学生发展的重要抓手，定位为"峰之行"，形成了"135"登峰德育体系，引领每位学生参与到各种富有教育意义的体验活动之中，在活动中努力培养学生的健康心态、公民意识、民族情怀和社会责任。

【陶继新】体验越多，积淀也就越多；积淀越多，学生的成长也就越快。学生是未来的公民，现在的体验，不但是为了让孩子们当下做个好学生，更是指向未来的。

【谢清田】我们重点针对绿色安全、绿色银行、绿色书香和道德储蓄四大体验活动进行了有益的尝试。

绿色安全体验：把上学、放学的路队打造成特色"路队课程"，在学校主要通道上设置斑马线、红绿灯，每天都有值勤的小交警身穿警服执勤，以此增强学生的安全意识和规则意识。把每周五大课间定为"安全演练课程"，让学生在体验中把安全防范的常识牢记心中。

【陶继新】提升孩子的安全意识，需要大人的示范，更需要孩子自身的体验。而没有实践，就没有体验，没有体验，就不可能将安全意识根植在心里。人们常说，学校安全大如天。其实，安全教育的目的，不只是为了学生在校的安全，还要让他们学会走向社会时同样具有安全意识。每一个生命，既是自己的、家庭的，也是学校的，还是社会的，所以，安全意识也是一种社会责任意识。

【谢清田】绿色银行体验：为了培养学生的绿色环保意识，养成良好的卫生习惯，在每个班级都设置"绿色银行"，并确定一名绿色银行管理员，负责"银行"的管理工作。学生可以将喝完的饮料瓶和在班级内、卫生区内捡拾的废纸整齐地存放到绿色银行中，并由管理员做好存款登记，作为学期末评选"卫生之星"的依据。一周后，管理员将班级绿色银行中的废品整理后，存入学校管理中心，由负责的老师将各班的废品统一变卖，变卖后的款项存入各班的绿色账户，作为班级活动经费，可以购买书籍、添置绿色植物等。

【陶继新】养成卫生的习惯，不只是让周边的环境更优美，也体现了一个人的文明程度。2012年我去日本访问的时候，很为他们学生良好的卫生习惯而感叹。那么，是不是中国人就不懂讲卫生了呢？不是的，"千里之行，始于足下"。卫生习惯不是长大成人之后培养的，而是从小就要培养的。你们学校绿色银行体验，便是培养孩子卫生习惯的有效措施。而一个学生养成讲卫生的习惯，还会影响到家庭与社会，越来越多的学生有了良好的卫生习惯时，我们的社会不就更加文明了吗？

【谢清田】绿色书香体验：学校一直把读书成长作为学生发展的重要载体。我们在教室内建立图书角（定位为：绿色图书漂流小站），在教学楼走廊内建立图书架（定位为：绿色图书漂流分站），在综合楼和连廊上建立图书柜（定位为：绿色图书漂流总站），同时把电子阅览室也搬到每一间教室和走廊，让孩子们对电子图书、纸质图书都能触手可及，校园内只要是风吹不到、雨淋不到的地方就有书可读！真正让学校成为一个绿色、天然的图书馆，让学生时时处处有书读，时时刻刻有书的熏陶。我们提出了"三关一读"的倡议，要求家长引领孩子在家关闭电视、关闭手机、关闭网络，每天亲子共读至少30分钟，以此营造读书的氛围。每学年暑假的读书节结束之前，学校都要开展"书香家庭"评选活动，让"阅读"成为每一个家庭的习惯。

【陶继新】特别欣赏你们的"三关一读"。信息化为孩子们更快更好地获取信息提供了便利，可是也让很多孩子远离了优秀图书，迷恋上了网络与电视。而一个不多读书、不读好书的孩子，是没有希望的。因为不少孩子还缺少相应的辨识能力，他们认为好玩好看的电视与网络内容，其实很多是不健康的。家长要么管不了，要么认为无所谓，从而让本应获取丰富精神食粮的孩子，去啃食那些文化的垃圾。"三关一读"则让孩子及其家长有了多读好书的时间，久而久之，就会形成读书的习惯，进而惠及其终身的发展。

【谢清田】道德储蓄体验：本着"日行一善，积小善而成大德"的教育宗旨，给学生建立"道德储蓄卡"。立足于学生校内外道德教育的结合，根据《小学生守则》《小学生日常行为规范》等设置道德储蓄项目，内容涉及助人为乐、拾金不昧、孝敬父母、仪容仪表、言行举止，等等。道德储蓄卡记录学生的文明行为，也记录其不良举止，促使学生养成良好的行为习惯，从点滴积累的实际行动中体会道德的价值所在。

【陶继新】善良是人的立身之本，本立而道生。然而，尽管说"人之初，性本善"，可是人自从出生之后，会受到各种各样的影响，甚至有的还会受到不善乃至恶的影响。那么，如何让学生积极向善呢？荀子说得好："积土成山，风雨兴焉；积水成渊，蛟龙生焉；积善成德，而神明自得，圣心备焉。故不积跬步，无以至千里；不积小流，无以成江海。"给学生建立"道德储蓄卡"，就是让学生持续不断地"积善成德"，长期坚持下去，就有可能"圣心备焉"。

【谢清田】正如我们的校风：负势竞上，千百成峰。每个人的成长是不一样的，拥有山高我为峰的气魄，靠自己的不懈努力争高直指，成为千

让每一个生命挺拔如峰

百座山峰中的一座,又何尝不是一道风景?峰无止境,岸是底线!回首往昔,我们一直在路上;未来之路,我们仍需坚持!每一个岳峰人必将以更加饱满的热情,一往无前,永攀高峰,努力让岳峰的每一个生命如峰般挺拔、壮美。

【陶继新】"负势竞上,千百成峰"颇具气势,而且在很多教师与学生身上已经变成了现实,尤其是从您身上,我已经看到了这种精神的力量。相信在您的带领下,师生们会更加奋发向上,一往无前地去攀登一个又一个的高峰。

教育就是让人变得强大（自序）
——办一所"让每一个生命挺拔如峰"的学校

谢清田

我叫谢清田，1991年参加工作，高级教师。回顾自己的教育生涯，我始终坚持"教育就是让人变得强大"的教育信条，把"人"放在教育教学和学校管理的第一位，以"教育务农者"的心态，在不同的工作岗位上朴实付出、真情奉献。

1991年，我在一所偏僻的农村中学任教英语，立足听说读写演，跳出"哑巴英语"的窠臼，让课堂成为学生"尽情表达"的乐园，一批批农村娃接受了"城里生"同样的外语教学，我多次被评为市区级优秀教师。

2002年，我被任命为泰安市第十五中学校长，立志创办一所新农村学校，创造了享誉全省的"支点导学、模块达标"教学模式，让一个薄弱的农村学校蜕变为泰安市教改名校。

2010年，区政府新建岳峰小学，经过公开选拔，我成为这所城区学校的校长。春秋八载，我坚持每个月与100名师生面谈交流、每学期听100节课、每学年走访100个学生家庭的"三百"工作习惯，每天站在校门口接送学子，精心培育学校"峰文化"，制定"三级六阶"教师成长路径，建构"447"课程体系，推进"学习共同体"课堂改革。岳峰小学从无到有，由小变大，现已发展成为拥有两个校区的优质品牌学校。学校先后被授予全国首批校园足球特色学校、山东省首批文明校园、山东省规范化学校、山东省健康教育示范校、山东省家庭教育示范基地、山东省交通安全示范学校、山东省少先队工作先进单位、山东省绿色学校等称号，我个人也被授予山东省优秀教育工作者、泰安市劳模、泰山功勋校长、泰山名校长、全国目标教学优秀校长等荣誉称号。

寒来暑往，一路走来，我始终不忘从教初心，牢记育人使命，把一所新建的"空白学校"打造成为省文明校园，主要策略源于责任、情怀和行动。

一是实施"三主体育人"的办学策略，构建峰文化育人品牌。高处定位，踏地而行，从建校开始，我们便树立了学生、教师、家长"三主体育人"策略，把学生装在心里，把教师推向前方，把家长拉在身边，致力于培养"品体如岳，才智如峰"的岳峰学子，锻造"拥有工匠精神＋教育家情怀"的名师团队，成就"懂教育、懂孩子、懂未来"的家长群体，努力打造"学生向往、教师幸福、学术认可、社会满意"的家门口的好学校，逐步形成了理念、制度、形象、行为、精神等一脉相承，德智体美劳群相互融合、十大行动落地生根的峰文化育人体系。

二是坚持"关注生命成长"的教育情怀，把学生装在心里。从十五中学的"让每一个农村孩子人生出彩"到岳峰小学的"让每一个生命挺拔如峰"，一以贯之地站在"学生中心"的教育立场，坚信"每一颗种子都孕育着不同的生命精彩"，重在激发生命活力，引领生命成长，把学校建设成"人人皆可教，人人可成才，人人能登峰"的生态乐园。

三是坚持"教师第一"的思想，把教师作为办好学校的第一资源。担任岳峰小学校长以来，面对一所新建学校，一切都是从零开始。我不断追问与思索："我要办一所什么样的学校？我们的教育为了谁？依靠谁？"基于此，我们强力推进教师专业成长，制定了"三级六阶"教师成长计划。三级为：岳峰新星、岳峰骨干、岳峰脊梁。六阶为：岳峰新星的入职培训和入规培养；岳峰骨干的入格培养和升格培养，岳峰脊梁的建格培养和风格培养。通过研修学习激发内驱力、校内青蓝结对以老带新、对外聘请专家引领促优，走出去请进来与专家面对面，竭力为教师专业成长搭台子、竖梯子、引路子，努力培养具有"工匠精神＋教育家情怀"的领衔教师和名师团队。在教师评价方面，我们坚持从"最近发展区"出发，遵循"总有一款适合你，人人竖起一面旗"的宗旨，实行多型教师评价机制，以此引领每一位教师都能够立足自身优势，实现自主化、专业化、协同化发展，先后培养特级教师1人，省优秀教师4人，省部级一师一优课9人，泰山名师6人。

四是坚守张扬个性的教育追求,把课程开发和整合作为实现立德树人的重要载体,整体建构了以"重习惯,提兴趣,促益智,强技能"为宗旨的"447"课程体系。

第一个"4"是指四级课程,即国家、地方、校本、家本四级,实现了国家课程校本化、地方课程整合化、校本课程精品化、家本课程体验化。

第二个"4"是指校本课程的四大种类。一是以素养发展为主的艺体课程,如落实每天一节体育课,确保学生在校阳光活动一小时。二是以习惯养成为主的德育课程,如路队课程、升旗课程、安全课程、环保课程、生命课程等。三是以特长培养为主的社团课程,实行"快乐星期四"半天选课走班学习,为学生提供60余项社团课程套餐,如STEM、创客实验、茶艺、陶艺、戏曲等课程,每学期,学校通过开展"校本课程展示周"活动,对各项课程开设开展情况进行学分制考评。四是以实践体验为主的研修课程,主要分为三种形式:一是利用周末时间,以家庭片区为单位组织开展的家本研修课程,如爱心课程、公益课程、环保课程、礼仪课程等;二是利用正常课时,组织5年10次泰山周边研学活动,确立了10个研学基地,涉及泰山文化、现代企业、高校资源、科技场馆等;三是利用寒暑假,组织开展的长线社会研学课程等。

"7"是指七大学科节课程,即语文节、数学节、英语节、艺体节、科技节、生命节、读书节,贯穿全年,每年一主题,循序渐进,提升学生的学科素养,助力核心素养养成。通过丰富的课程资源、适合的成长梯度和多样的展示平台,力求让每个学生在小学五年至少参加一个社团活动、精通一门乐器、掌握一项运动技能、培养一个终身受益的好习惯、奠定一个扎实的知识基础。

五是高举科研兴校的教改旗帜,致力于学生真实学习的发生。我坚信,科研是学校发展的核心竞争力,课堂是教学改革的理想实验田,先后主持省级以上课题5项。在岳峰,我仍然坚持以学生真实的学习为落脚点,引领岳峰教师开展"学习共同体"课堂研究,积极构建学习社区,从改变学生座次做起,从"愉悦、灵动、共生"理念课堂构建入手,让"协作—倾听—串联—回归"成为课堂的主链,以此撬动教与学的翻转,以学导学，以学助学，从学到学，学贯始终，让课堂实现了由"教师为中心"向"学生为本"的变革，让学生真正成为课堂的主人。

六是坚持评价引领，助推岳峰学子自信地成长。我们遵循"发现学生闪光点，评价激励促发展"的原则，鼓励与引导孩子跳一跳摘桃子，积极推行"登峰卡"激励式评价，探索建构"卡章杯，两档案，一兑换"模式，以激励为导向、以学生全面发展和扬长发展为目的的登峰评价体系，激活学生主动发展的内驱力，培养孩子自主发展的自信心，引领每一名学生努力攀登自己的高峰，自觉争当新时代"岳峰好少年"。

七是实施家校共育，把家长作为岳峰育人的主体。

首先，把家长拉在身边，引导家长参与学校管理。我们构建"四级管理，区域联动"家校共同体模式，把家委会建在班级，延伸到片区，落实"谋、助、联、学、行、督"六字方针，开发"以实践体验为主的研修拓展课程、以家长引领为主的义教助力课程、以学习提升为主的家教指导课程和以参与成长为主的积分评价课程"四类课程，坚持"家长驻校指导、家长评教议教、全员家访交流、家长志愿服务、家长代表大会、示范家庭评选"六大行动。

其次，传播家教知识，提升家长素养。家庭是孩子成长的根，根深方能叶茂；家长好好学习，孩子天天向上。为此，我们组建了专家、班主任、优秀家长三支家庭教育讲师团，每学年至少8次16课时家庭教育培训，"懂孩子、懂教育、懂未来"已成为广大岳峰家长的共识。

再次，探索"亲子同登峰共成长"的评价机制，引领每位家长自觉、主动参与学校教育，让"家长好好学习、孩子天天成长"成为每位家长的自觉。我校被省教育厅授予山东省家庭教育实践基地荣誉称号。

中国教育学会会长顾明远先生曾为学校欣然题词："教育就是让人变得强大！"这一直是我的教育追求和目标。

北宋大儒胡瑗有言："致天下之治者在人才，成天下之才者在教化，教化之所本者在学校。"我校以"峰文化"为统领，积极推进学校文化建设，深入探求峰之魂、峰之基、峰之和、峰之趣、峰之翼、峰之行，关注德、智、体、美、劳、群，熔铸文化品牌，强大精神之魂；寻根峰之源，立魂峰之蕴，强固峰之基，逐梦峰之行，全心全意让每一个生命挺拔如峰。

峰 之 源 ——文化主题篇

源为水之始,引申为来历、根由,达源,既指发掘,又指丰富。学校文化是一所学校的标识与品牌,更是价值观的体现,无论文化主题、办学愿景、价值观,还是三风一训,都是学校一切行为的起点和归宿,故名峰之源。

文化体系：聚蕴峰之魂

不管是百年老校，还是新建学校，都必须靠精神站立，这种精神就是学校文化。学校是传承和发展文化的重要场所，而校园文化则是一个学校活的灵魂。学校文化建设是学校精神文明建设的重要组成部分，它通过学校的文化气氛、文化环境、多种文化活动以及大多数人共同的行为方式和学校的规章制度等各种文化因素的总和对学校内的成员，尤其是学生身心发展有着不可估量的影响，能陶冶情操，引领师生思想道德素质的提高；能凝聚人心，增强学校内部的凝聚力和战斗力；能开发学生的非智力因素，促进其科学文化素质的发展，等等。在深入推进素质教育的今天，校园文化建设已成为一项综合性的育人工程，它与学校工作有着十分密切的关系，良好的校园文化不仅能给师生提供一个舒心愉悦的学习环境，而且能激发他们的良好心态。过去我们在强调教育功能和途径时，比较注重"教书育人""管理育人""服务育人"，而对"文化育人"则不太重视，其实学生正确人生观的树立，高尚道德价值观的养成，健康审美趣味的提升，无不受到积极向上的校园文化的熏陶和影响。因此，加强校园文化建设，对于优化育人环境，全面贯彻教育方针，真正落实德育教育，提高整体办学水平，具有不可替代的重要作用。

泰安市岱岳区岳峰小学始建于 2010 年，是泰安市委市政府为民要办的十二件实事之一、岱岳区重点民生工程。建校之初，面对这所新建学校，我们深感责任重大。如何把这所新校在短短几年内打造成具有独特文化内涵的品牌学校，是摆在我们面前的重要命题。为此，我们一切从零开始，以创建"景观式、生态式、园林式、数字化"省级规范化学校为目标,在文化建设上科学规划、精心设计,为学校的内涵式发展找准方向。

经过九年的实践和探索,学校立足于独特的区位优势和泰山的文化熏陶,确立了"山高人为峰"的人本教育思想,秉承"志存高远,登高必自"的岳峰精神,围绕"让每一个生命挺拔如峰"的办学理念,树立"人人皆可教,人人可成才,人人能登峰"的教育观,恪守"厚德仰岳,永攀高峰"的校训,营造"负势竞上,千百成峰"的校风氛围,全力打造以"峰"为核心的文化特色。

一、文化主题：峰文化

1. 定义：文化主题是学校的最高价值标准,是学校一切行为的起点和归宿,是学校文化系统的灵魂。

2. 阐释：岳峰小学,立足岱岳,情系泰山,富有内涵。岳指泰山,峰指高而尖的山头。岳峰,突出地域特色,寓意仰望泰山,永攀高峰,具有积极向上的意义。岳峰小学着力打造峰文化品牌,内在为仁,外在为峰,融入了对泰山历史文化名人的缅怀、对传统文化精髓的解读、对泰山文化的全面认识、对人本教育思想的具体追求以及对学生成长规律的深度把握,进而让整个学校文化更具统领性与前瞻性。

峰文化,蕴含着对泰山历史文化名人的敬仰。泰山历史文化名人萧大亨,号"岳峰",曾任兵、刑两部尚书13年。他忠君爱国,心系梓里,体恤百姓,内外称孝,教子从严。用其号命名学校,突出历史特色,寓指学生要立大志,行大德,做大事。

峰文化,内含传统文化精髓——仁爱思想。仁之厚者在岳,山之高者为峰。仁爱思想,儒家核心。道德品质,日高日丰。仁者乐山,智者乐水。山有性情,厚重卓拔,独立自持,仁者风范。学校高扬峰文化旗帜,内核为仁,勤修仁之品质,争当仁爱之人。儒家仁爱思想,倡导仁者爱人,爱亲爱人,爱众亲民。峰文化引导全体师生富有仁爱情感追求,理解、同情、关心他人；切实克己复礼,自我约束、自我控制,具有符合礼的道德行为、道德实践,进而能妥善处理好人与人之间的关系；引导人人倡导忠恕之道,要求自己真心诚意、积极为人,将心比心,宽恕待人。

让每一个生命挺拔如峰

峰文化，融入了泰山文化的深厚积淀。高山仰止，景行行止。泰山德厚，文化悠远。东岳泰山，山岳文化精神浓郁，攀登精神不止，旭日精神不息，松柏精神不朽，包容精神永存，奉献精神永驻，担当精神永藏。峰文化源于丰厚的泰山文化，取攀登精神、登高望远、登泰山而小天下之深意，引导师生坚定"泰山是岳中之孔子，孔子是圣中之泰山"的思想意识，勤做为学求真的攀登者。

峰文化，融入了人本教育思想。泰山上的一副对联——"海到尽头天作岸，山登绝顶我为峰"，融入了现代教育中的人本理念与教育思想，引导教师争当教育攀登者，全神贯注贯彻人本教育思想，推行人本，崇尚亲和，让每个孩子站在教育的正中央，引导每个少年儿童根据自我差异，走上个性发展之路，不断登上属于自己的峰点。由此，我校最终实现了以"峰文化"为指导，融入人本教育思想，彰显教育的差异性、包容性，凸显学生发展的多元化与多样性，达成"横看成岭侧成峰，远近高低各不同"的教育追求。

峰文化，体现了师生成长与发展的规律性。人生如登峰，登高必自更精彩。人人要具有永攀高峰的远大志向，胸怀"会当凌绝顶，一览众山小"的豪迈气概，攻坚克难，刻苦奋斗，步履坚实，步步登高，攀登人生巅峰，成就辉煌人生。峰文化，体现师生成长规律，只有一步一个台阶，攀登不辍，竞进不息，才能实现千百成峰的美好愿景。

峰文化，体现了因材施教的教育观。苏轼《题西林壁》中写道：横看成岭侧成峰，远近高低各不同。人的一生也犹如一座座绵延不断的山脉，不同阶段会展现跌宕起伏的峰峦，能够在峰峦叠嶂中成长才会拥有最坚实的人生。学生的成长也是如此，人人不同，人人都好，一方面从不同的角度去欣赏学生、发现学生，就会看到别样的风景，另一方面人人自信，不自卑，不放弃。把"人人皆可教，人人可成才，人人能登峰"作为学校的育人理念，体现了学校教育承认差异、尊重差异、以人为本、因材施教的育人观。

总而言之，"峰文化"作为我校的品牌文化，系统严密、稳定持续，既体现了一种目标、一种愿景、一种态度、一种胸怀、一种精神，又蕴含了一种行动，进而让学校因文化得到滋养，让师生因文化登上人生高峰。

二、核心理念：让每一个生命挺拔如峰

1. 定义：办学理念、教育理念的下位概念，是基于"办怎么样的学校"和"怎样办好学校"的深层次思考的结晶。办学理念，从某种意义上说，就是学校生存理由、生存动力、生存期望的有机构成，对内能凝心聚力，对外能提高核心竞争力，塑造教育品牌。

2. 阐释：每个生命都是鲜活的生命个体，都有不同的个性特征，都有独特的才艺特长。岳峰小学关爱学生成长，致力于让每一个生命挺拔如峰。

挺拔，即直立而高耸、坚强而有力。如峰，即像峰一样高耸入云。生命挺拔如峰，蕴藏着"每一个生命都是一个旅程，峰点不同，千百成峰"的文化深意，让人人都能创造生命的奇迹，绽放耀眼的光彩，力求人人不同，人人都好！让每一个生命挺拔如峰，意味着要尊重生命、珍惜生命、敬畏生命、成就生命。这就要求全体教师与家长朋友，要相信每朵花都是独特的、美丽的，静听花开的声音，静赏花的美丽。相信每棵小树在精心呵护下，都能成长为参天大树、栋梁之才；要相信每个孩子都有天赋、兴趣、爱好，自有闪光之处，自会与众不同，自会张扬才艺。如此，我校在尊重个体差异的基础上，有教无类，因材施教，不断夯实德、智、体、美、劳、群六大基石，基础牢固，学识挺拔，品格挺拔，体能挺拔，为生命的精彩奠定坚实根基。

三、学校精神：志存高远，登高必自

1. 定义：学校精神是学校在长期的办学实践中自觉提炼的、全体成员认同的精神支柱，对全校师生具有导向和激励作用。

2. 阐释：志存高远，出自三国时期诸葛亮《勉侄书》："夫志当存高远，慕先贤，绝情欲，弃凝滞，使庶几之志，揭然有所存，恻然有所感。"

其意为：志向应该高尚、远大，要追慕古代圣贤，断绝贪欲，丢弃杂念，使志向接近古代贤人。"志"，有志气、志向、志趣、志学之意，引导人人要有志愿、有志向、有心意、有目标；"志存高远"，要求人人要胸怀大志，居高远眺，登得高，站得高，看得远，成就人生梦想，创造人生

辉煌。

登高必自，为泰山登山起点孔子登临处石坊前碑刻，语出《中庸》："君子之道，譬如远行，必自迩；譬如登高，必自卑。"本义是从泰山脚下往上"登高"必须要"自"此经过，要求全体师生欲达远大目标，必定从近处出发；要想攀登高峰，就得从低处起步；同时也鞭策人人要有登高望远的目标，勤奋努力，踏实进取，坚持到底，永不懈怠。

"志存高远，登高必自"的岳峰精神就是要昭示所有岳峰人既要志存高远，敢想敢干，又要从自我做起、从小处开始，脚踏实地，循序渐进，集中体现了努力攀登、坚忍不拔的泰山精神，质朴务实、埋头苦干的实干品质和勤劳勇敢、自强不息的民族情怀。

四、校训：厚德仰岳，永攀高峰

1. 定义：校训是学校在长期办学实践中形成的，对全校师生具有规范、警策和导向作用的整体价值取向、独特气质、文化底蕴，蕴含师生的道德理想、人格特点和历史责任。

2. 阐释："厚德"，出自《易·坤》："地势坤，君子以厚德载物。"《淮南子·泛论训》："故人有厚德，无问其小节。"这引导全体师生如大地般增厚美德，雅量容人，进德修业，完善品格。"仰岳"，源自《诗经·小雅·车辖》："高山仰止，景行行止"，有仰望泰山，心生敬仰之意，旨在让师生高山景行，有高尚的德行、崇高的品行之意，引导师生感受泰山文化的博大精深，学习泰山文化的精神品格，肩挑责任，学会敢当，敢于创新，勤于奉献，逐渐形成健康人格，实现和谐、全面、健康、有序的发展。

永攀高峰，作为岳峰人，拥有一种永攀高峰的精神，才能让自己永远进步。其内涵丰富，涵盖了"不畏艰险、努力拼搏、积极进取、自强不息"等精神。对教育而言，"永攀高峰"寓意学生"不怕困难、奋发向上"的积极、乐观的态度，具有正向的德育内涵；再者，"永攀高峰"寓意不断追求、勇于创新，代表了教师从教治学和学校育人的精神内涵；另外，"永攀高峰"也意味着不断进取、永争第一的精神，代表着学校办学的崇高境界。

"厚德仰岳，永攀高峰"的校训，鞭策全体岳峰人要树立增厚美德，修炼一等人品；不断增强"山高我为峰，舍我其谁"的自信心，展五岳独尊之势，立永攀高峰之志；积跬步而成千里，为终生幸福奠基。如此，全体岳峰人将会更有美德、有目标、有勇气、有信心、有恒心、有行动、有耐力。

五、校风：负势竞上，千百成峰

1. 定义：校风是学校风气的总称，包括师生在工作、学习、生活中养成的风气，以及在学校发展历程中所积淀的优良文化氛围。

2. 阐释：南朝梁吴均《与朱元思书》中写道："负势竞上，互相轩邈，争高直指，千百成峰。"意思是说，山峦凭借高峻的地势，争着向上，仿佛都在争着往高处和远处伸展，群山都在互相竞争高低，笔直地指向天空，形成千百座山峰。这启迪全体师生学峰峦态势之美，绽自我神秀，有别具一格之美。

"负势竞上，千百成峰"的校风，寓意岳峰全体师生要根据个性特点与天赋爱好，树立远大目标，峰峰皆秀，峰峰争秀，终究于千百座山峰中秀出精彩，和而不同，最终形成"人人不同，人人都好"之势。"千百成峰"也是我校在学生培养和教师成长方面的一种愿景和目标。每个人的成长皆有不同轨迹，或拥有山高我为峰的气魄，展现秀丽风景，特具无限风光；或凭借一己之力争高直指，成为千百座山峰中的一座，力求峰峦独秀。每一个岳峰人，将会尊重共性、尊重个性、释放个性，让人人在和谐发展的基础上实现才能的发挥，逐渐实现个性化的成长与发展，真正实现和而不同的发展。

六、教风：知人善教，敢为人先

1. 定义：教风就是教师在师德修养、教书育人、科学研究等方面形成的良好风气。

2. 阐释：知人才能善教，善教须先知人。这体现了一种以人为本的个性化教育思想，与至圣先师孔子提出的"因材施教、有教无类、各因其才"的教育思想相契合。知人善教，人尽其才是个性化教育的核心。全体教师要学会"知人",既要做到全面了解学生,了解学情,做到因材施教,又要做到了解自己,了解文本,了解课改方向,还要善于学习,善于思考,敢于创新,做到心中有数,眼中有人,手中有法。全体教师要学会"善教",即要求教师遵循教育规律,针对不同学生、不同时期、不同课型,运用自己的真才实学、真知灼见、源头活水,选择最佳教学方案和手段,像"好雨知时节,润物细无声"那样,去唤醒学生、启发学生、引导学生、激励学生、提升学生,使学生喜欢学习、乐于探究、勤于实践,德、智、体、美、劳、群诸方面全面发展。

敢为人先,意思是敢于做前人或别人没有做过的事业或事情。全体教师要敢为人先,弘扬开拓创新、奋勇争先的大无畏精神,富有渴望创新的主动精神。全体教师要不忘初心,乐于教书育人,勤于教育创新。全体教师勇于创新实践,汇聚前进的动力和创新的灵感,善于创新教育教学模式,激发学生学习兴趣,激活整个课堂教学。如此,教师敢于争先,勤于创新,睿智机敏,不断铸就教育事业的辉煌,谱写育人成才的新篇章。

七、学风:好问善学,勇于登攀

1. 定义:学风是学生在学习过程中应该养成和遵循的风气,是取得良好学习效果和成人成才的保证。

2. 阐释:"好问",出自《孟涂文集》:"君子学必好问。问与学,相辅而行者也,非学无以致疑,非问无以广识。"问题是课堂的生命,没有问题的课堂没有生命力。学生要不断激发问的欲望,增强问的勇气,释放问的热情,恒有问的习惯,喜欢发问,善于提问,在问中不断提高学习效率。"善学",出自《礼记·学记》:"善学者,师逸而功倍,又从而庸之。"明代教育家、文学家方孝孺《见山堂记》:"知周乎物而不劳,才裕于用而无穷,斯为善学者矣。"这就要求学生善于学习、敢于创新、勤于钻研,精益求精,努力掌握最佳的学习方法,取得事半功倍的学习效果。

"登攀",攀援登高之意,引申为进取,上进。"勇于登攀"也是我国"两弹一星"精神内涵之一。将其作为学风,寓意在于激励全体岳峰学子树立勇于登攀、敢于超越的进取意识,在知识探索的历程中,在人生成长的路途上,要知难而进、锲而不舍、勤于探索、勇于创新、不断登攀,最终到达人生的顶峰。

"好问善学，勇于登攀"这一学风，要求学生妥善处理好问与善学的关系，且问且学，且学且问，丰盈智慧。同时，还要以"勇于攀登"的精神，力求攀登学习高峰、成长高峰与学业高峰，进而逐渐成长为全面发展、和谐发展、个性发展的现代人，成为合格的中国特色社会主义事业建设者和接班人。

八、学校愿景：教学相长的学园，合力育人的家园，创意创客的智园，文厚景怡的花园

1. 定义：发展愿景描绘的是学校的未来发展蓝图，是全校师生的共同愿望。

2. 阐释：教学相长的学园。教师和学生是学校的主人翁，和谐和美的师生关系有助于学校实现长远发展。岳峰小学是教学相长的乐园，教师与学生随着现代教育教学改革的逐步推进，已然建立起民主、和谐、平等的师生关系。教师积极创建快乐式教学环境，能以激情饱满的热心从事教育教学，真正做到春风化雨，润物无声，最终实现教学相长。

合力育人的家园。学校高度重视家校合作，全面实施"学生、教师、家长"三主体育人策略，全面增强家校教育合力。积极构建"拥有工匠精神＋教育家情怀"的名师团队，不断擦亮"峰文化"教育品牌，助力每个生命挺拔如峰；重视引导"懂教育、懂孩子、懂未来"的岳峰家长群体，真正成为教育资源的补充者、学校办学的监督者、孩子个性成长的引领者，让家长朋友更尽责、会参与、善引领，鼓励家家都能做示范，人人都能做资源。

创意创客的智园。随着互联网的迅猛发展，岳峰小学引入现代化的教育教学技术，逐渐打造富有创意激情、创客思维的智慧校园。师生借助现代信息技术，创新思维，创新方法，以饱满的热情付诸创意实践，真正让创意照进现实，让创新引领发展。学校为师生提供更多的机会和平台，让全体师生，乐于分享，乐于创意，重视协作学习，指引自己精益求精，追求完美，逐渐走出智慧幸福人生路。

文厚景怡的花园。岳峰小学沐浴浓郁的泰山文化、丰富的传统文化，积极推进学校文化建设，让整个校园充满厚重的文化气息。学校以人文、高雅、温馨为追求、为目标，通过文化景点、绿化、美化、香化来着力营造文韵绵长、品位高雅、景致怡人的环境文化。由此，学校将呈现出高雅的情趣美、浓郁的人文美、深厚的涵养美，最终让整个校园呈现出文厚景怡的鲜明特征。

九、育人理念：人人皆可教，人人可成才，人人能登峰

1. 定义：教育理念即关于教育方法的观念，是教育主体在教学实践及教育思维活动中形成的对"教育应然"的理性认识和主观要求，包括教育宗旨、教育使命、教育目的、教育理想、教育目标、教育要求、教育原则等内容。

2. 阐释：苏轼《题西林壁》中写道："横看成岭侧成峰，远近高低各不同。"人的一生也犹如一座座绵延不断的山脉，不同阶段会展现跌宕起伏的峰峦，能够在峰峦叠嶂中快乐成长，才会逐渐拥有最坚实的人生。学生的成长也是如此，人人不同，人人都好，整个校园人才济济，馨香满园。这就要求教师奉行因材施教、有教无类的教育理念，坚定地认识到"人人皆可教，人人可成才，人人能登峰"。教师以可教为基础，尊重、理解、赏识、激励每个孩子，呵护每个孩子成人成才，逐渐攀登上个人发展的巅峰。同时，我们也可以从不同的角度去欣赏学生、发现学生，用心发现别样的风景；教育人人都能阳光自信，不自卑，不放弃，不懈怠。

如此，我校以"人人皆可教、人人可成才，人人能登峰"为学校的育人理念，真正体现了学校教育承认差异、尊重差异、以人为本的育人观，尽心尽力培养优秀学生，让他们绽放耀眼光彩。

十、培养目标：品体如岳、才智如峰的新时代少年

1. 定义：培养目标是学校从办学实际出发，顺应国家和时代发展需要而确立的育人使命，体现了学校培养的学生应具备的基本素质。

2. 阐释：岳峰小学重视人才培养，关注每个孩子德、智、体、美、劳、群的全面发展，致力于培养身心如岳、才智如峰的新时代少年。这就要求全体少年儿童都要认真学习峰文化，全方位发展自己，全面提高自我

核心素养（人文底蕴、科学精神、学会学习、健康生活、责任担当、实践创新）。

　　学峰之厚重，厚德载物，有道德、有理想、有爱心、有行动；
　　学峰之高深，登高必自，有知识、有能力、有文化、有底蕴；
　　学峰之雄壮，身心双健，好身体、好心态、好习惯、好性情；
　　学峰之神秀，趣味盎然，有激情、有活力、有潜能、有才艺；
　　学峰之坚韧，躬身践行，有智慧、有创意、有个性、有发展；
　　学峰之和谐，合作共赢，高情商、肯合作、会交际、有善行。

十一、管理原则：宽而有度，规矩立范成方圆；和而不同，人本聚心创辉煌

　　1. 定义：管理原则是指导学校管理工作应遵循的基本准则。

　　2. 阐释：宽而有度，规矩立范成方圆。《荀子·赋篇》："圆者中规，方者中矩。"《楚辞·离骚》："圆曰规，方曰矩。"《吕氏春秋》："欲知平直，则必准绳；欲知方圆，则必规矩。"人道经纬万端，规矩无所不贯。无规不成圆，无矩不成方。学校在宽和管理的基础上要不断健全和完善各项管理制度，引导师生遵循规律、合乎规范、遵守规则、执行规定，认真按规矩办事，培养良好的行为习惯，力行规矩，成就方圆。

　　和而不同，人本聚心创辉煌。"和"是中华文化的核心，引导人人以和为贵，以和为善，以和为美。《论语·子路》："君子和而不同，小人同而不和。"和而不同，要求学校以和文化、峰文化为指导，海纳百川，有容乃大，兼收并蓄，多元共生，真切关心全体师生的成长需求与发展需要，倾注真情，贯彻人本，凝聚人心，共创辉煌。

十二、人才理念：识人德为本，用人才需高

　　1. 定义：人才理念是学校从自身实际出发，按照相关干部人事制度确立的用人原则。

　　2. 阐释：识人德为本。教师乃教书育人者，育人先育品。学校领导善于识人，需要以德行为考量标准，将品行列为选拔人才的第一原则，重视选拔与任用具有人格魅力与深厚道德素养的教师。古人云："德乃才之

帅。"教职员工要具有良好德行，敬业爱岗，乐于奉献，治学严谨，率先垂范；为教育尽心尽力，激情满怀，两袖清风，奉献青春；为学生无怨无悔，博爱无私，甘为"人梯"，乐为"基石"，善为"伯乐"。

用人才需高。习近平总书记高度重视人才工作，提出要树立强烈的人才意识，寻觅人才求贤若渴，发现人才如获至宝，举荐人才不拘一格，使用人才各尽其能。这就需要学校领导坚持"用人才需高"的原则，善于发现老师的特长和能力，有"伯乐相马"的眼界与智慧，发掘每位教师身上的闪光点，并为其提供展示自我的舞台，提升自我才能，释放教育活力，成就教育梦想，实现人生价值。

十三、服务理念：弘工匠精神，精益求精；立教育情怀，至善至美

1. 定义：服务理念是学校践行服务宗旨的指导思想和原则，是学校教学、科研、人才培养等教育活动的行动指南。

2. 阐释：弘工匠精神，精益求精。十年树木，百年树人，教书育人是一项非常伟大的事业，是一项"捧着一颗心来，不带半根草去"的事业，需要每个教职员工怀着"一辈子做教师，一辈子学做教师"的初心，匠心独运，专心专注，精益求精，埋头苦干，勤勉用功。要有"耐得住寂寞"的精神，要有锲而不舍的精神，要有"春风化雨、细雨润物"的韧劲。

立教育情怀，至善至美。校长、学校管理层、全体教职员工要怀着教育家情怀，肩负教育使命，心怀天下教育，坚定"没有最好，只有更好"的思想意识，切实办本真的教育、真性情的教育。人人要形成独特的教育思想，有独立的教育见解，有远大的教育追求，有丰富的教育实践，有无穷的教育智慧，有涌动的教育活力，力求在教育事业中至善至美，颇多建树。

十四、学校宣言

定义：学校宣言是学校就教育教学理想而对外发布的公告。它是学校理性形象的集中展现，是学校对社会的庄严承诺。

中华泰山，五岳之首，山灵水秀，人文深厚。
岳峰小学，立学于此，承文化育，折射华光。
教育名师，倾心敬业，精益求精，乐育栋梁。
莘莘学子，好问善学，勇于登攀，昂扬向上。
师生携手，志存高远，登高必自，皆成典范。
上下同心，胸怀梦想，踏地而行，共创辉煌。

十五、教师誓词

我是岳峰小学的教师，教书育人是我神圣的使命，我庄严宣誓：

弘工匠精神，精益求精，培养栋梁；
立奉献精神，敬业爱岗，勇于担当；
蕴创新精神，创新创意，激活课堂；
怀博爱精神，以爱为源，绘就乐章；
我们爱教育，释放教育家情怀，让教育充满激情！
我们爱学生，齐奏博爱交响曲，让爱心充满力量！
我们爱岳峰，凝心聚力筑新岳，让生命挺拔如峰！

十六、学生誓词

我是岳峰小学的一名学生，我为在这里学习感到自豪！在此我庄严宣誓：

志存高远，张开梦想翅膀；
登高必自，凝聚向上力量；
日日为学，哪怕山高路长；
久久为功，何惧艰辛迷茫！
我们是新时代的岳峰学子，
品体如岳，才智如峰，提升素养；
健康阳光，自信自强，终成栋梁！

十七、校歌：《峰之歌》

作词：谢清田　张春
作曲：刘自治　李娜

巍巍泰山，滔滔汶水，百年大亨，东岳为峰；
迎着晨风，伴着朝阳，雏鹰翱翔，快乐成长；
(呼) 人人成才，人人登峰，负势竞上，千百成峰；
啊，岳峰，我们向往的地方；
啊，岳峰，我们求知的殿堂；
啊，岳峰，我们成长的学堂；
幸福的人生在此扬帆起航。
志存高远，气养浩然，登高必自，勇于实践；
知人善教，敢为人先，明德善学，勇于登攀；
(呼) 人人成才，人人登峰，负势竞上，千百成峰；
啊，岳峰，放飞希望的梦想；
啊，岳峰，徜徉知识的海洋；
啊，岳峰，孕育幸福的土壤；
美好的未来由我们共同开创。

育人策略：聚力三主体

教育是系统工程，学生为本、教师为基是永远不变的两个主题，但与此同时，学校教育和家庭教育是相互依存、相互补充的，家庭教育是一切教育的基础。由此，我们认识到教育的本真必须是学生、教师、家长生命成长过程的共同及同步发展，三者为教育三大主体，因此确立"三主体育人"的教育理念。

一、"三主体育人"的基本理念

三主体育人，就是让学生、老师、家长在不同层面、不同领域发挥主体作用，并在这个过程中影响他人，成就自我，成己达人，形成一个"生命成长共同体"。

学校教育由于现行体制设计，要求对全体学生以统一的教学大纲为指导，施以统一规范和标准的管理和教育，有人形象化地比喻为"人才流水线"，对所有学生的要求和培养目标都是大体一致的。这就是当代教育凸显出来的明显弊端，因此家庭教育的及时补位就显得尤为重要。然而，由于家庭的千差万别，家长对子女教育的目标、成才的观念各不相同，家长对子女的教育理念和培养目标各不相同，而孩子的情况更是千差万别。家庭教育在一定程度上需要引领与指导。于是，学校教育、教师指导随即完成又一次补位。在科学教育理念的导引下，在教育专业素养的辅助下，提供力所能及的方向及方式方法的适当引领，以便家庭教育在自身主体地位的发挥上，更加着力于教育的共节点，与学校、教师形成最大合力，促进学生主体发展。

确立家长、学生的主体地位，提高教师和家长的合作共建教育意识，才能使教育的途径得以畅通，教育才能有成效。教师为学而教，为学而研。

学生、教师、家长三个主体，在共同的教育目的导引下，以丰富的知识资源为基础，不断完善自身发展，在各自不同的领域，完成其本身教育任务的同时，也实现了自我的不断发展，三条线走路，齐头并进，互为影响，携手向前！

二、"三主体育人"教育理念提出的背景

时代的发展对人才的定义发生了新的变化，与之相应的"教育"也随之变化，不断更新其理念及方法。在新时代的背景下，随着社会的进步，全民素质的提高，家庭教育充当了新的角色，在孩子的整个教育过程中所起的作用日益凸显。

在这样的背景下，整个社会对教育的认识也逐渐发生改变。在人们的意识中，家庭教育与学校教育开始紧密联系，成为一个有机的共同体，携手合力共促教育大计成为受到广泛认可的基本理念。

教师在教育中的角色正是韩愈《师说》中所说："古之学者必有师。师者，所以传道授业解惑也。人非生而知之者，孰能无惑？惑而不从师，其为惑也，终不解矣。"教师的任务就是导引人生、传授道理、讲授学业、解答疑难问题。现代教育中的另一个重要角色"家长"，其角色是榜样、有目的的教育的实施者、健康成长和学习知识的环境创造者。

家长是有目的的教育的实施者。学生基本素质的形成是由父母塑造的，不然就不会有"孟母三迁"的美谈。针对孩子的塑造，学校老师要跟家长共同制定一套可行方案，然后双方共同实施。

家长还是健康成长和学习知识的环境创造者。学生在学校学习知识，回家后肯定还要温故，这样方能知新。而成长和学习的环境相当重要，一个成长于整天吵吵闹闹的家庭环境中的孩子内心是不会有阳光的。

基于以上分析，在学生整个发展过程中，个体、家长、教师所起到的作用都是极其重要的，但由于角色不同、程度差异，各自之间需要有效地及时补位以及互相影响，只有三者都在良性的发展道路上，不断达到生命

成长的要求，才能推己及人、互相推动进步的前行之路。

"三主体育人"其实就是在完成自我成长的过程中，有效地影响我们的教育伙伴，完成共同成长，由此达到教育的最大效果，既良好地完成学生的教育，又带来教师、家长的自身发展，实现社会的大教育。

三、"三主体育人"的四个要素

"三主体育人"的四个要素是：共同愿景、一体融合、自我成长、互相影响。

共同愿景：让每一个生命挺拔如峰，是生命与生命的连接、对话和互相成全，构建生命成长共同体。

互相影响：教师、家长、学生之间，也恰恰应该是互相促进生命成长的和谐共美关系。我们知道，教师的学识、涵养、人格等首先影响到学生，学生的成长状况又必然影响到家长，家长的理念、认识、态度又会影响到老师，而老师的变化则必然又会影响到学生的成长状态。反之，亦然。这里面没有利益的冲突，没有功利的诱惑。

一体融合：学校规划应考虑三者的感受，其身份不同，职业迥异，性格差异；三主体育人，就是把三者组建成一个"生命成长共同体"，就是把教师、学生、家长三方凝聚在一起，就意味着师生、家校、生生等各种原本很复杂的人际关系走出原来并列、对立的尴尬局面，在平等尊重的原则下走向相辅相成、融合共赢，有利于形成共同的愿景，达成共同的目标。现代新型的师生关系、家校关系得以重构。

自我成长："三主体育人"的教育理念下，我们的教育不仅仅是在达成学生的成长，当然这是我们的重要目标之一，我们是希望利用这一共同愿景，实现家庭教育与学校教育的深度结合，在结合的过程中，顺次实现教师与家长的自我成长。教师、家长、学生三者互为依存，互相影响，只有这样才能形成一个牢固的教育铁三角，另外两者达到自我成长，在其影响下的学生成长必是自然而然的事。

四、学生、教师、家长的主体体现

在整个教育的发展中，学生的主体地位毋庸置疑，其在自我教育、家庭教育、学校教育、社会教育中完成生命成长。在此过程中，教师的主体地位也得以体现，教师为主导，学生为中心的教育构想深入人心，可以说没有教师的发展不可能带来学生的良性发展，只有让教师真正成为学校的主人，全面参与到学校的管理当中，成为学校管理的主体，才能最好地实现其角色使命，从而达到学生、教师、学校的共同、同步发展。

由此，我们广大教师进一步反省和认识教育劳动的价值——不只是一味付出，不只是培养学生，也是在与许多生命的连接中不断建构和完善新的自己。实现了自我价值，对工作的敬畏之心油然升起，努力追求"生命价值与职业价值内在统一"的职业观，进而形成一种平等尊重、共生共美的学生观：学生是我们一段教育历程的陪伴者、见证者，学生是我们教育生活的参与者、丰富者，学生是我们教育人生的建构者、增值者。

同时，家长所扮演的教育角色必须同时发生，"第二课堂"亦为重中之重，家长的主体作用首先是营造良好的教育环境，从生活中的点滴达到教育的目的；家长也必须是孩子习惯、品格养成的主体，一言一行中潜移默化，并在家庭教育中完善学生的个性发展。这一系列的过程既是家长的自我发展，又是学生的家庭教育进步源泉。

当我们的学生家长意识到'我也是教育的主体，管理的主人'时，其参与教育工作的热情自然会提高很多；当他在参与孩子学习和生活的过程中体验到快乐和幸福时，他自身也会得到进一步的开放与成长，进而又会助推孩子的成长，而且会大大拓展学校教育的空间，对自身的视野、格局和人生幸福都有深刻影响。

三主体育人，生命成长共同体的确立，也意味着长期以来孩子成长的两大教育场域——家校之间的藩篱终于被彻底打破，教育成为一个完整、和谐的整体，教育资源得以深度重组，育人时空不断开放，家校共育使教育效果倍增。不容置疑，对于学校教育而言，家长是重要的社会资源；而对于家庭教育而言，学校又是自己的希望和依靠。

建立健全家校合作育人机制，是现代教育管理体系中不可替代的一环，更是现代社会公民成长中不可或缺的重要手段和途径。只有家校之间形成真正的深度合作，才可以共同为孩子营造一个更好的成长环境，创设一个更好的生活世界，实现三主体的同向发展。

发展路径：筑梦峰之行

学校以"让每一个生命挺拔如峰"为核心理念，以"学生、教师、家长"三主体育人为主线，以培养"品体如岳，才智如峰"的岳峰学子为宗旨，以打造"学生向往、教师幸福、学术认可、社会满意"的家门口的好学校为目标，在岳峰小学二五发展规划中确立了1134发展路径。

一、明确一个目标，确保学校发展有方向

立足岱岳、面向全国，创建一所"学生向往、教师幸福、家长满意、学术认可"的伟大学校，努力培养"品体如岳，才智如峰"的岳峰学子。

二、把握一条主线，确保学校发展有重心

我们秉承"让每一个生命挺拔如峰"的核心目标，聚焦立德树人根本任务，创建具有岳峰基因的峰文化育人体系。

三、立足三个坚守，确保学校发展有保障

（一）三主体育人

学校实施教育和受教育的对象都是人，是生命，而非产品，我们所追求的是人的成长，生命的挺拔。从育人目标来看，人字的一撇代表的是健康的体魄心态、优秀的品性习惯，昭示着发展的高度；一捺代表的是扎实的学识智慧、突出的才能素养，昭示着发展的宽度。两者不可偏废，否则很难说是一个健全的人，所以我们的育人目标是"品体如岳，才智如峰"。

同时，在人的成长过程中，所处的大环境是社会，是个大染缸，教育的效果体现在耳濡目染、潜移默化。人必须要有定力，否则就会摇摆不定。从育人主体来看，人字的一撇代表的是学校教育，一捺是家庭教育，二者互相支撑，互相补充。

为此，我们确立了三主体育人策略，力求实现主体发展的同步共生。它有三层含义：一是三者本身都是不断进步成长的主体，二是三者是互相影响、互相促进的，三是三者都是学校管理生命成长的主角，在教育问题上没有配角，没有旁观者，尤其突出了家长的主人翁意识。在日常管理中，我们的做法是把学生装在心里，把教师推向前方，把家长拉在身边。

把学生放在正中央。以少代会为依托，建立校级、年级、班级不同岗位责任制，实行值日班长轮流制和校长助理制。在岳峰小学，人人都是小干部，人人时时有事管，事事处处有人管。

把教师推向前方。以"最近发展区"为导向，制定"三级六阶"的13510教师成长计划，让岳峰新星、岳峰骨干、岳峰脊梁三级成长和入职、入规、入格、升格、建格、风格六阶段培养形成一体。

把家长拉在身边。我们立足培养"懂教育、懂孩子、懂未来"的家长，把家庭教育指导作为关键点，成立家庭教育指导中心，建立全市首届家庭教育讲师团，夯实以家庭教育专家为引领、以班主任团队为核心、以优秀家长为补充的三级指导团队。

（二）三底线管理

我们把安全红线、质量生命线、师德高压线作为三条底线，时时刻在脑子里，牢牢握在手心里。

（三）三课堂奠基

我们着力打造三课堂体系，作为学生成长的基石。第一课堂，重在学科知识，关注知识与能力；第二课堂，重在特长培养，关注兴趣与素养；第三课堂，重在实践体验，关注品德与创新。我们创造性地开发创客实验课程、足球课程和德育一体化课程，并逐步细化为日课程、周课程、月课程和学期课程。每天一节体育课，每周一节足球课，开发语文节、数学节、英语节、艺体节、科技节、生命节、读书节等7类学科节课程，贯穿全年教育管理。为学生提供52项社团课程套餐，通过"快乐星期四"选课走班的形式，努力实现"提供最适合的、选择最喜欢的、争做最优秀的"目标定位。

基于学习共同体课堂改革，学校立足课堂，抓实教研，努力构建"愉悦、灵动、共赢"理念引领下的学共体课堂。

一是聚焦教研，精准发力促成效。每学期的开学第一课，典型课例示范，已成教研常态。教师立足教材特点，各备课组开展新学期第一次精准教研，教研组长引领主动亮剑，各组教师团结互进，教研琢磨，切实提高教学的实效性，开启每学期内涵丰富的教育教学工作。校长、中层、教研组长深入课堂，同时采取跟踪听课制，观察常态课下的教师常态，望闻诊断，即听即评。通过大小教研双线并行，实现了两校区齐头并进，备课组内全面开花。以课例研究为途径，融合新课标的学习与应用、学共体策略，打造精品，从而提升研究力。

通过请进来——走出去——沉下来，让教研内化于心，外化于行，确保教师发展务实、扎实、踏实。以"相聚岳峰"研讨交流活动为载体，邀请省内外联盟学校优秀教师莅临学校交流研讨，通过组织校内外观摩课、示范课、同课异构学习交流活动，老师们精心备课、积极听课、真心议课、认真反思，提高教学水平，交流推广教学经验，实现了"论坛分享"与"智慧碰撞"双管齐下。

二是多措并举，协同发展共登峰。每学年开始，教学管理中心都会组织开展青年教师座谈会，加强青年教师的主人翁意识，使其学会担当，早日成长，扛起学校发展的重任。每年的新教师座谈，教学管理中心更是创新形式，充分融入学习共同体模式，以教研组为单位召开活动主题为"交心·答疑·指路"的学科教研暨新教师体验茶话会，前期做了充足的准备，问题征集与引领，以学习共同体的形式分组讨论，并将本组想法写在大字报上，老师们参与其中，畅所欲言，交流分享，答疑解惑。

四、筑牢四大体系，确保学校发展有成效

一是四级四类课程体系。我们构建了以"重习惯，提兴趣，促益智，强技能"为宗旨的"447"课程体系。第一个"4"是指四级课程，即国家、地方、校本、家本四级，实现了国家课程校本化、地方课程整合化、

校本课程精品化、家本课程体验化。第二个"4"是指校本课程的四大种类，即以素养发展为主的艺体课程，落实每天一节体育课、每周一节足球课，曲艺、鼓乐、手工等课程的鉴赏创新与整合，以习惯养成为主的德育课程，以小公民教育为核心，开发路队课程、升旗课程、安全课程、环保课程、生命课程等德育体验课程；以特长培养为主的社团课程，实行"快乐星期四"半天选课走班学习，为学生提供52项社团课程套餐，如STEM、创客实验、茶艺、陶艺、戏曲等。每学期，学校通过开展"校本课程展示周"活动，对各项课程开设开展情况进行学分制考评；以实践体验为主的研学旅行课程，形成片区实践常态化、期中研学系列化、假期研学主题化。"7"是指七大学科节课程，即语文节、数学节、英语节、艺体节、科技节、生命节、读书节，贯穿全年，每年一主题，循序渐进，提升学生的学科核心素养。通过丰富的课程资源、适合的成长梯度和多样的展示平台，力求让每个学生在小学五年至少参加一个社团活动、精通一门乐器、掌握一项运动技能、培养一个终身受益的好习惯、奠定一个扎实的知识基础。

　　二是四级家委会网络。构建"四级管理，区域联动"家校共同体模式，把家委会建在班级，延伸到片区，落实"谋、助、联、学、行、督"六字方针，坚持"家长驻校指导、家长评教议教、全员家访交流、家长志愿服务、家长代表大会、示范家庭评选"六大行动。组建专家、班主任、优秀家长三支家庭教育讲师团，每学年至少8次16课时家庭教育培训，懂孩子、懂教育、懂未来已成为广大岳峰家长的共识。

　　三是四大品牌建设。以学习共同体为核心的课堂教学改革成效卓著，以"卡章杯、一兑换"为引领的登峰评价多元融合，以STEAM课程为引领的创客教育阔步前行，以校园足球为引领的艺体教育硕果累累。

　　四是四项重点突破。面对学校发展的新形势、新挑战，我们将着力实现信息化应用、两校区协同、多元化办学、德育一体化四个方面的突破。

峰之基——教师发展篇

基,墙始也。高者必以下为基。教育大计,教师为本。教师是学校教育的基石,是学生未来的奠基者,是自身专业成长的主体。教师是兴教之源,立教之本,只有一流的教师才有一流的教育,才能培养出一流的人才,才能打造一流的学校,故名峰之基。

教师发展：夯实峰之基

教师是学校发展的基石。在教师主体发展上，学校提出了"一体两翼"发展模式，即一个主体两项措施，就是以教师的发展为主体，着力抓好"领航"和"支点"两项工作。

学校把全员育人导师制作为教师主体发展的"根本点"。每班配备班主任和辅导员，负责班级全体学生的思想引导、学业辅导、行为训导和心理疏导；学校选拔确定特长教师，负责跨班级的兴趣培养和特长指导；发挥班级家长联谊会和片区联谊小组的作用，对每位学生进行生活指导和实践体验。学校以"教师最近发展区"为导向，为每位教师绘制最近发展和递进发展的登峰成长路线，帮助不同层次的教师自我定位，为每一个教师量身打造发展导向，真正实现了教师发展有目标、有方向、有层次。学校在教师发展上树立"总有一款适合你"的思想，提出了创建"学习共同体"的口号，让教师在团队中人人有事干、人人有发展。学校对教师的评价纳入对团队的评价，采取捆绑式、立体化、过程性的评价方式，为教师的发展注入新的"活力"，真正营造了"人人为我，我为人人"的协作氛围。学校根据教师专业发展情况，有针对性地安排教师参加外出学习培训，让教师在开阔眼界、开阔思想的同时，提高学习的积极性。校本教研作为教师主体发展的"生长点"，学校在时间上、内容上、形式上都给予充分的保障，提出了"教师无课日"，真正让教师们铺下身子搞教研，全身投入抓教学。经过有针对性地，多元化、递进式地引领教师主体发展，学校教师发展的主动性和协同性更加显著。

让每一位教师永攀高峰

从几年前一名普普通通的小学数学教师，到成长为现在的泰安市小学专家型教师、山东省特级教师……这些，都让岳峰小学教师赵晶"如料未及"。

谈起自己的成长经历，赵老师显得有些兴奋："要不是学校在专业成长上为我们搭建平台，让我们'永攀高峰'，就不可能有我现在的成绩，真得要好好谢谢学校和领导！"

赵晶老师是岳峰小学在教师专业成长中取得"不平凡"成绩的一个例子。目前，在校的125名任课教师中，有省特级教师、省优秀教师2人，市优秀教师、泰山名师6人，区优秀教师6人、拔尖人才1人、专家型教师4人，市区级以上教学能手8人，有30人次执教省市级以上公开课、观摩课……

学校发展，教师先行。在师资配备上，市区两级政府高度重视，在招考教师时，本着年轻化、学历高、专业强的标准进行配备。不过如何让优势师资变得更优，成了摆在学校管理者面前的一个重点课题。为此，学校一班人深思熟虑，反复调研，在教师队伍建设上，提出了"一体两翼"发展模式，即一个主体两大工程。一个主体就是以教师的专业发展为主体，两大工程，一是以教师最近发展区为导向的"名师递进工程"，通过为教师绘制最近发展和递进发展的名师成长路线，引领教师专业发展的自觉性；二是以教师一帮一为载体的"青蓝结对工程"，通过导师带动制，落实"三帮三带"和"三学三争"，力求教师之间发展的协同性，达到同心同德、同学同进的目的。为落实好两大工程，学校由实践到理论，再由理论指导实践，在一体两翼发展模式的引导下探索出了一条"提升内涵——注重实践——搭建平台"的教师专业成长之路。

一、提升内涵，为教师永攀高峰奠基

未来教育家论坛、市级名师同课异构、青年教师大比武……我们开展一系列教师活动的目的就是通过加强教师交流、组织学习专业理论，优化教师专业知识结构，以此来为教师勇攀高峰奠基。

每一位刚到岳峰小学的青年教师必须接受一个月的岗前培训，以尽快熟悉适应新的岗位，然后进行青年教师达标课，学校成立由校领导、家委会成员、教师代表组成的评审委员会，共同对达标课进行评判。不合格，重来；问题多，再上……就这样，在一遍又一遍的磨砺中，教师的业务能力得到了快速提高。2018年新分教师李明在达标课通过之后，写下了这样的话：虽然我们新教师的达标课验收活动已经结束，但回顾这一个多月的历程，心中感慨万千，短短的一个月时间，我经历了期待、焦急、苦闷、泪水、迷茫、兴奋等多个心理过程，尤其是在上课之前，我一直很担心！可现在我却要感谢这次达标验收课，它让我体验了不一样的人生经历，让我成长，让我进步，更让我体会了真情……

不仅如此，学校还通过对新版课程标准测试、课程专家专题讲座、外出学习、读书汇报交流等活动，让老师们在内涵提升方面得到前所未有的提高。

二、注重实践，为教师永攀高峰助力

学习是基础。书籍是学校中的学校，对一个教师尤其是新教师而言，读书就是最好的备课。要把学习内容积淀为自己的综合素养和能力，进一步提升教育的理念。

借鉴是策略。借鉴是教师专业成长的起点，它起着积累经验的作用，不借鉴前人或成功者的先进教学思想和教学方法是绝对不行的。但在借鉴的过程中，应该注意发挥聪明才智，取长补短，避免生搬硬套。如何去借鉴呢？学校认为，最好的方式是听课、集体备课。不同的教师，授课方式、处理教材、启迪学生思维的方法各不相同，每个人身上都有值得借鉴的地方。

反思是关键。古人云：思之不慎，行而失当。没有反思，便没有感悟；没有感悟，便不能提升自己的专业能力。反思性教学日益受到重视，并被认为是提高教师素质的最有效途径。

三、搭建平台，为教师永攀高峰添翼

落实师德师风第一标准，坚持全员全方位全过程师德养成。培植师德典型，年度评选感动岳峰人物和岳峰好教师，实行师德考核负面清单制度，持续开展在职教师参与有偿补课专项治理活动，防止教师队伍中出现"微腐败"现象，让教师更幸福更有尊严地做教师。

制定培养规划，成就名师团队。制定"三级六阶"的13510教师成长计划。其中三级为：岳峰新星、岳峰骨干、岳峰脊梁。六阶为：岳峰新星的入职培训和入规培养；岳峰骨干的入格培养和升格培养；岳峰脊梁的建格培养和风格培养。通过研修学习激发内驱力，通过校内青蓝结对以老带新、对外聘请专家引领促优，通过请进来走出去、校本研修、大小教研、集体备课、课例研究等方式，竭力为教师专业成长搭台子、竖梯子、引路子。

一是新教师"入格培养"。我们很多教师不缺乏学科知识，而是缺乏工作经验；不缺乏成功欲望，而是缺乏专业化体验。为帮助新教师做好角色转变，学校采取三项措施：一是搭建教师与学生平等交流的桥梁，树立"学生为本"思想；二是强化教师常规指导与督导作用，通过填写反馈卡对新教师进行有针对性的指导；三是实施"青蓝结对工程"，在导师的带领下，让每一位新教师都能交一份优质教案，上一堂研讨展示课，写一份教学反思，组织一次较大规模的班团队活动，写一份全面工作总结，激励新教师在教学实践中"入格"。

二是青年教师"升格"培养。学校的教师在从教1—2年后积累了一定的教学经验，已经完成"入格"培养，但需要"升格"成为学校的骨干教师或学科带头人。根据为教师制定的最近发展区，学校通过读书沙龙、素养大赛、与名师同课异构、名校交流学习等方式为青年教师提供更多的

机会，促进青年教师的专业成长。

　　三是骨干教师"风格"培养。培养具有现代教育思想和个性化教学风格的教师，是提升学校教育品牌的核心内容。学校本着"做好今天、准备明天、着眼后天"的指导思想，努力培养具有"风格"的教师。一要选好年轻有为、有培养潜力的苗子，二是夯实教学基本功，三是实施以师德建设为基础的新理念、新课程、新技术的"一德三新"人才培养工作，四是为他们提供尽可能多的展示平台，五是压担子，让骨干教师承担课题研究等任务。

　　人是靠精神站立的，又是靠个人的学识和修养行走的！相信岳峰小学的教师团队会在专业成长方面不断打造自己，使自己走得更稳，走得更快，走得更远，早日登上成长的巅峰，享受专业成长和事业发展的幸福！

不忘立德树人初心，争做新时代四有好教师

百年大计，教育为本；教育大计，教师为本。办好人民满意的教育，创建好幸福教育峰文化品牌，实现让每一个生命挺拔如峰的目标，关键是要有一支高素质的教师队伍。习近平总书记向我们发出了做"有理想信念、有道德情操、有扎实学识、有仁爱之心"的好教师的号召，似灯塔，为我们指明了发展的方向、成长的目标，我们必须一以贯之。

一是要做有理想信念的好教师。正确的理想信念是教书育人、播种未来的指路明灯。一个有理想信念的好教师，应该时刻明白自己肩负的使命和责任，做中国特色社会主义共同理想和中华民族伟大复兴中国梦的积极传播者，将落实立德树人根本任务与加强社会主义核心价值观教育相结合，在学生心中播下理想的种子，让一代又一代年轻人成为对中华文化、中国精神、中国价值有坚定认同的正能量。

二是要做有道德情操的好教师。"师者，人之模范也。"一个有道德情操的好教师，应该成为以德施教、以德立身的楷模，用端庄的品行、文明的语言、大方的仪表、和蔼的态度去感召学生、启迪学生，春风化雨、润物无声；要严于律己、以身作则，抵御各种诱惑，坚守道德底线，自觉抵制有偿家教等违背教师职业道德的行为，去除浮躁之气，远离功利之风，以积极进取的态度生活和工作，执着于教书育人，保持教师的高风亮节。

三是要做有扎实学识的好教师。马卡连柯说："学生可以原谅老师的严厉、刻板，甚至吹毛求疵，但是不能原谅老师的不学无术。"一个有扎实学识的好教师，不仅要有胜任教学的专业知识，还要有广博的通识知识

和宽广的胸怀视野。面对当前的信息化浪潮，好教师不能满足于装满自己的"一桶水"，而要使自己时时有"活水"，不断汲取新知识，更新知识结构，积极回应新的挑战，以卓越的业绩引导学生走向成功的人生道路。

四是要做有仁爱之心的好教师。爱是教育永恒的主题，教师的仁爱之心，是一种对国家、民族的爱在学生身上的体现，是一种无私的爱、不求回报的爱。广大教师要用爱培育爱、激发爱、传播爱，要通过真情、真心、真诚拉近同学生的距离，滋润学生的心田；要把自己的温暖和情感倾注到每一个学生身上，用欣赏增强学生的信心，用信任树立学生的自尊，让每一个学生都健康成长，让每一个学生都享受成功的喜悦。

"三寸粉笔，三尺讲台系国运；一颗丹心，一生秉烛铸民魂。"远大的理想，光荣的使命，重大的责任，都需要落实到我们每一堂课的教学，每一次的师生互动，每一项具体的教育实践活动中去。我们要"从大处想，从小处做"，在三尺讲台上，为指引学生前进领航导向；在岳峰校园里，为培养祖国人才尽心尽力。

两翼齐飞四轮驱动，助力教师协同成长

以"让每一个生命挺拔如峰"为核心目标，以"学生、教师、家长"三主体育人为主线，牢固树立科学的质量观，把促进人的全面发展作为教育质量的重要目标，把教师队伍的专业化发展作为实施育人的重要抓手，着力抓好教师的"师德"和"师能"两项重点，通过"常规管理、教研创新、课堂改革、评价激励"四轮驱动力促教师发展，进而实现教育教学质量的稳步发展，努力培养具有"工匠精神+教育家情怀"的领衔教师，打造名师团队。

一、抓师德，固底线，确保教师发展有方向

教师是学校发展的主体，师德是教师的灵魂。我们建立监督追责和底线+榜样管理机制，通过党建引领、标兵带动、宣誓亮诺、家长评教等形式，引领每位教师强化师德修养，自觉践行"低低头、弯弯腰、蹲蹲身"的志愿服务活动。自建校以来，学校没有出现过一起违反师德师风的事件，没有一人参与有偿家教，确保了教师队伍发展根基稳固、风清气正。

二、强师能，提素质，确保教师发展有保障

（一）抓常规，夯实教师发展之基

教学是学校的中心工作，常规管理是教学的重要保障。首先，我们把每学期开学的第一个月作为"常规规范月"，持续强化教学规范意识和常规管理底线，努力营造人人学规范、知规范、做规范、成规范的浓厚氛围。

其次，在教学常规管理上，采取"3+1"的运行模式，包含两个层

面。一是基于常规内容的"三本一卷",即备课本、作业本、听课本加单元测试卷。作为一所年轻的学校,教师队伍年轻化是我们的优势,年轻教师虽有激情与活力,但缺乏经验与方法。因此,我们为每位教师提供一至五年级的全套教材、课程标准、知识体系、区编备课等资料,同时把教师手写教学案、撰写教学反思以及学生作业中激励性评语的运用作为三项重点来抓,真正让每位教师教学有引领、有依据、有标准、有成长。第二个层面是基于常规检查的"三查一展",我们把教学常规的三级督查与期末展评有机结合。所谓三级督查就是构建学术委员会、年级共同体、校长督查三级督查机制。学术委员会负责每周的常规检查,年级共同体之间隔周一次互查互纠,校长督查室每月一次抽查。期末全体教师的常规展评就是集中全体教师的所有常规,通过晒一晒、评一评、整一整、学一学的方式,对教师的各项常规有一个总体评价。这样做既是对一个学期以来教师常规工作的总结,更是起到了互相学习、互相借鉴的作用。

(二)抓教研,拓宽教师发展之源

教研是教师发展的重要载体。在教研方面,我们突出以下五个关键词:

1."同心协力"——"大教研"和"小教研"有机融合。在大教研方面,我们主要采取以下两种方式。一是落实集慧式研究,筑牢前沿阵地。我们以无课日大教研活动为载体,开展主题式的校本教研活动,通过把握文本"定框架"、深研课例"促落地"、任务分配"成合力"、活动跟进"求提升"四部曲,把教研中心下移,切实提升教师文本把握和教学设计能力。二是实施驱动式教研,确保落地生根。通过专家引领,同伴互助,认真观摩名师课堂,学习课程标准,精心解读教材文本,积极构建各学科知识体系,以此引领教师"教"有方向。

小教研活动主要是在同学段备课组内开展,针对课堂精准教研,先夯实集体备课,再由主备人上研究课,然后其他成员再进行复备完善,在观评课之后改进自己的教学设计,在这种即时性教研中,促进教师间互学共进,均衡高位提升。

2."今日有约"——"推门听课"向"开门晒课"自然转变。一直以来,我们学校管理者把"推门听课"作为考量教师常态课堂的重要方式,教师被动接受的多。从2018年开始,我们努力构建基于同伴互助的教师共同体建设，主动教研自觉成长的氛围日趋浓厚，"开门晒课"成为一种常态，开放自己的课堂成为一种自觉的行动。这种机制的建立，让同伴之间的协同发展更有效，让不约而至的教研悄然落地。

3. "相聚岳峰"——"论坛分享"与"智慧碰撞"双管齐下。我们把未来教育家论坛作为"分享点"，每周四下午放学之后为论坛活动时间，每次安排两名教师，畅谈教学心得，尽述同仁情怀，通过思想碰撞，互动交流，让教师们真正立足教学实际，思考问题、解决问题，以此为平台成就更多的名师。同时，我们组织"相聚岳峰——泰安市小学语文、数学教学研讨活动"，每年一届，市内外学科教学专家纷纷来到我校进行课例打磨，交流互动，生成了精彩的教学智慧，启迪了丰富的教学思维，传播了科学的教学理念，提升了教学研讨的水平。

4. "开阔视野"——"走出去"与"请进来"齐头并进。我们把"外出学习"作为教师最大的福利，每学期都选派优秀教师外出培训。教师培训费用高达经费的18%左右。本学期先后安排21位教师赴福建、浙江、北京观摩聆听佐藤学教授、陈静静博士等专家的报告，感受学习共同体的课堂及管理氛围。同时，我们以岱岳双周论坛为契机，根据论坛主题尽可能多地选派不同层面的教师进行学习，学习归来一周之内，结合本校实际，谈想法、说体会。不仅如此，学校还邀请目前我国研究学共体的前沿专家福州教育学院四附小林莘校长来到学校，与全体教师面对面地进行思维碰撞，取得了很好的教育效果。

5. "读书成长"——"学习内化"与"实践探索"一脉相承。我们一直认为"优秀是读出来的"，阅读在教师专业发展方面必不可少。寒暑假的赠书活动，已经成为学校的金牌仪式。今年，为深入学习实践学习共同体，我们组织教师共读《静悄悄的革命》《学校的挑战——创建学习共同体》《教师花传书》等图书，利用超星阅读系统开展"爱岳读，好登峰"活动，利用微信群开展读书交流活动，引领教师在阅读中反思教学，在反思中指导行动，不断探索学习共同体框架下的课堂教学新路子。

（三）抓课堂，巩固教师发展之本

1. 构建学习共同体新形态。从2018年开始，我们启动对学习共同体课堂的研究。我们从"愉悦，灵动，共赢"的理念课堂构建入手，从学生座次改变开始。学生从插秧式座次改为便于交流的U形座次，以专注力、倾听能力的培养为主要目的，让学生学习真实而深度地发生。学习共同体的课堂上，充盈着宁静、柔和、舒适的美好氛围；学习共同体的课堂上，学生的学习从过去"习得、记忆、巩固"的学习转换为"探究、反思、表达"的学习；学习共同体的课堂上，教师整合学生"不懂"的问题，提炼出有探究价值并能串起整节课教学的关键话题，围绕关键话题，教师顺学而导，"串联"教学。以"倾听、串联、回归"为核心的学习共同体课堂形态已初步形成。

2. 探索信息化助学新模式。学校以信息化应用为切入点，积极探索微课程在课堂教学的应用，初步形成了"三段十环"翻转课堂教学模式，把课前、课中、课后三部曲，教学过程十环节作为实施信息化教学的步骤；把"微课助学、微课互学、微课补学"作为学生自主学习、合作探究的抓手，翻转课堂研究初见成效。

（四）抓评价，助力教师发展之翼

1. 多型教师评价激活力。在教师评价上，我们始终坚持"总有一款适合你"的原则，实行多型教师评价。通过自主申请、演讲陈述、统计核算等环节，分别评选出常规示范型教师、教学有方型教师、科研带动型教师等十几种不同类型的教师，给予表彰奖励，从而改变"一把尺子量人"带来的弊端，激活教师干事创业的积极性。

2. 最近发展评价挖潜力。学校出台教师登峰成长考评机制，为每位教师搭建最近发展、递进发展的登峰成长路线。该评价机制主要分为基础指标和发展趋向奖励指标，基础指标为教师规定完成的任务，发展指标就是挖掘教师尤其是年轻教师的潜力，不断督促他们实现更高一级的跨越。目前学校已经培养省特级教师1人，省优秀教师3人，泰山名师5人，市区教学能手达40%以上。

3. 团队协同评价成合力。为充分发挥好评价的导向作用，促进教师群体的成长，我们着重从教研组、班级和师徒三个层面实行团队评价。以教研组为单位的评价促进教师教学、教研能力提升，以班级为单位的评价使教师人人成为教育者，师徒捆绑评价促进新老教师共同成长，三个层面的评价，涵盖学校教育的方方面面，从而铺就了教师成长的"快车道"，也为教学质量的提升注入了长效活力。

教师是兴教之源，立教之本，教师成长永远在路上！

关于教师、学生与家长

学校中有三个主体，教师、学生、家长。学校犹水，师生犹鱼。梅贻琦曾说："学校犹水也，师生犹鱼也，其行动犹游泳也，大鱼前导，小鱼尾随，是从游也，从游既久，其濡染观摩之效，自不求而至，不为而成。"

家长犹鲶鱼。鲶鱼搅动小鱼的生存环境，激活了小鱼的求生能力，同时也会实现自我价值，促进自我成长。

作为教师，永远不要让家长的主动变成你的被动应战，在学校你才是最了解孩子的人；无论是老师还是家长，永远不要用自己或世俗的心去衡量孩子的世界。

从教师对于学校的重要性来说，衡量一所学校生命力的重要指标是有多少教师愿意在此奉献一生。其实，年龄不是拒绝成长的借口，惰性才是造成我们平庸的祸首。因此，我们要提高自己的生活质量，要享受教育的快乐幸福，就必须认真细致地规划自己，下定决心改变自己。作为一个承担着教育重任的教师，更要对自己的人生负责，给学生树立一个可以仰望的形象！

青春是一片沃土，不种庄稼必定杂草疯长。让一个孩子、一个班级不生是非的最好途径就是让其有事可做，这正如在荒地上种庄稼一样。如果说解决班级管理问题有一把万能钥匙的话，那就是让你的学生爱上读书。

我们也要清楚这一点：一只手拿着胡萝卜，另一只手拿着大棒来管理的时代应该过去了，一个人的行为的动力更应该来自高贵的东西——兴趣、爱和信仰，一个人一旦进入自由、自主的状态，他的潜能就会得到充

让每一个生命挺拔如峰

分的发挥和展现,由此建立起来的成就感、自尊感和自信感,会促使他们积极地成长,由点到面地成长,成为一个更好的自己。

你我同台,告诉我,我会忘记;给我看,我可能记得;让我参与,我才能理解。

静待花开,每一个孩子都是含苞待放的花朵。

路上春色正好,天上太阳正晴。

我们一起走起!

峰 之 和 ——家校合育篇

圣人为能和，和乐之本也。峰之"和"，有两层寓意：其一是"和谐"之氛围，其二是育人之"合力"。"峰之和"即为我校家校共育的实践与探索。通过一个"和"字，实现家校同心、同向、同行、同力，达到共识、共担、共创、共赢。

让每一个生命挺拔如峰

构建"四级管理，区域联动"家校社运行机制

学校教育和家庭教育相互依存、相互补充，家庭教育是一切教育的基础。家长不仅是孩子的第一任老师，也是孩子一生的老师，更是现代学校教育中一个不可或缺的主体。在"峰"文化引领之下，学校实施"三主体"育人策略，教育外部力量则主要表现为家长的参与。家长的主体作用在于培养学生良好的习惯、健全的人格，配合教师开展好家庭教育。只有把家长拉到身边，才能形成教育主体的同步共生。

学校依托"四级管理，区域联动"家校社共同体管理模式，构建以"学校家委会为引领，年级家委会为组织，班级家委会为核心，片区小组为主体"的四级管理网络，落实"谋、助、联、学、行、督"六字方针，形成"上下联动，组织有序，职责分明，覆盖整体"的家长协同体系，实现了片区联系"零"盲区、家庭交流常态化、安全管理同步走、资源开发有成效的目的。

一、家校社共育概念解读

"四级管理"是指家长委员会的四级组织机构，即学校家长委员会、年级家长委员会、班级家长联谊会和片区（社区）联谊小组。其中，班级家长联谊会是最基本、最核心的单位，在此基础上化整为零，按照学生居住区域划分5至6个片区（社区）联谊小组，由片区组长（由片区

家长推选产生）负责组织开展片区（社区）家庭教育工作，班级家长联谊会设主任1人（由班级片区组长推选产生），负责组织、协调和汇总本班家委会工作的开展情况；每个年级设年级家长委员会主任1人（由各班家长联谊会主任推选产生），同时兼任学校家委会副主任，负责组织、协调和汇总本年级家委会工作情况；学校家长委员会设主任1人，副主任2人，秘书长2人（由学校家长代表大会推选产生），负责组织协调家委会全面工作。

"区域联动"，一是指把班级家长联谊会作为工作核心，每个班根据学生的家庭住址划分5至6个区域（大体10个家庭一组），由片区联谊组长负责组织开展片区教育活动；二是依托社区资源，根据学生所在社区，打破班级界限，开展一系列家庭教育活动。其目的，一是以学生共同发展为宗旨，给所在片区（社区）的家长提供相互学习、交流、合作的平台，形成更加浓厚的育人氛围；二是以片区（社区）为单位负责学生的安全监督，组织学生共同学习，及时交流学习情况，开发本片区实践体验类课程（社会综合实践、爱好特长培养、公民道德教育等）；三是组织片区（社区）内家长参与学校家长义教、义工活动，并做好总结和评价；四是典型引领，均衡发展，发挥家庭资源的优势，以优秀的家庭教育资源引领不同家庭的家长不断改进家庭教育方式，以达到共同提高的目的；五是以班级为单位及时交流各片区（社区）的活动情况，以点带面，辐射整体。

"六字方针"是指：

1. 谋，即谋划、建言。学校给家长提供交流平台，畅通沟通渠道，商量式办学，四级家长委员会要积极参与学校管理，参与学校贯彻重大方针政策的制定与实施，为学校发展建言献策。

2. 助，即协助、互助。学校、家长是命运共同体，协同共生。学校要协助家长委员会做好家长管理工作，四级家委会要协调好与学校、家长之间的关系，积极调动家长关心学校教育事业发展，支持学校各项教育教学工作，协助学校办好家长学校，不断提高家庭教育的实效性。

3. 联，即沟通、协调。四级家委会是桥梁纽带，要反映广大家长要求，让学校及时了解家长的心声，做好学校宣传工作，扩大学校影响和知名度，协调和促进学校与社区、家庭建立更加密切的联系，形成教育合力。

4. 学，即知识、特长。学校成立"家庭教育工作室"，聘请市区家庭教育专家，引领家庭教育的正确方向，开发家长课程，切实做好"三联三训"。四级家委会要树立"陪伴孩子一起成长"的教育观，不断学习育儿知识，并发挥家长的资源优势，为学生提供知识、特长等方面的教育资源，促进学生的全面、可持续发展。

5. 行，即实践、体验。学校联合社区资源，整合校外资源，为学生提供优质教育资源，四级家委会最大限度地发挥联谊小组的教育功效，积极组织学生开展片区实践、社会公益、拓展体验等活动，培养学生的实践能力和公民意识。

6. 督，即监督、评价。学校建立"峰"之和登峰评价体系，采用家长会员升级制，积分式评价，促进家长成长；发挥家长委员会的监督和评价作用，积极参与学校、学生的各项评价和反馈，当好监督员、评议员和宣传员，确保学校的健康、可持续发展。

二、家校社共育运行机制

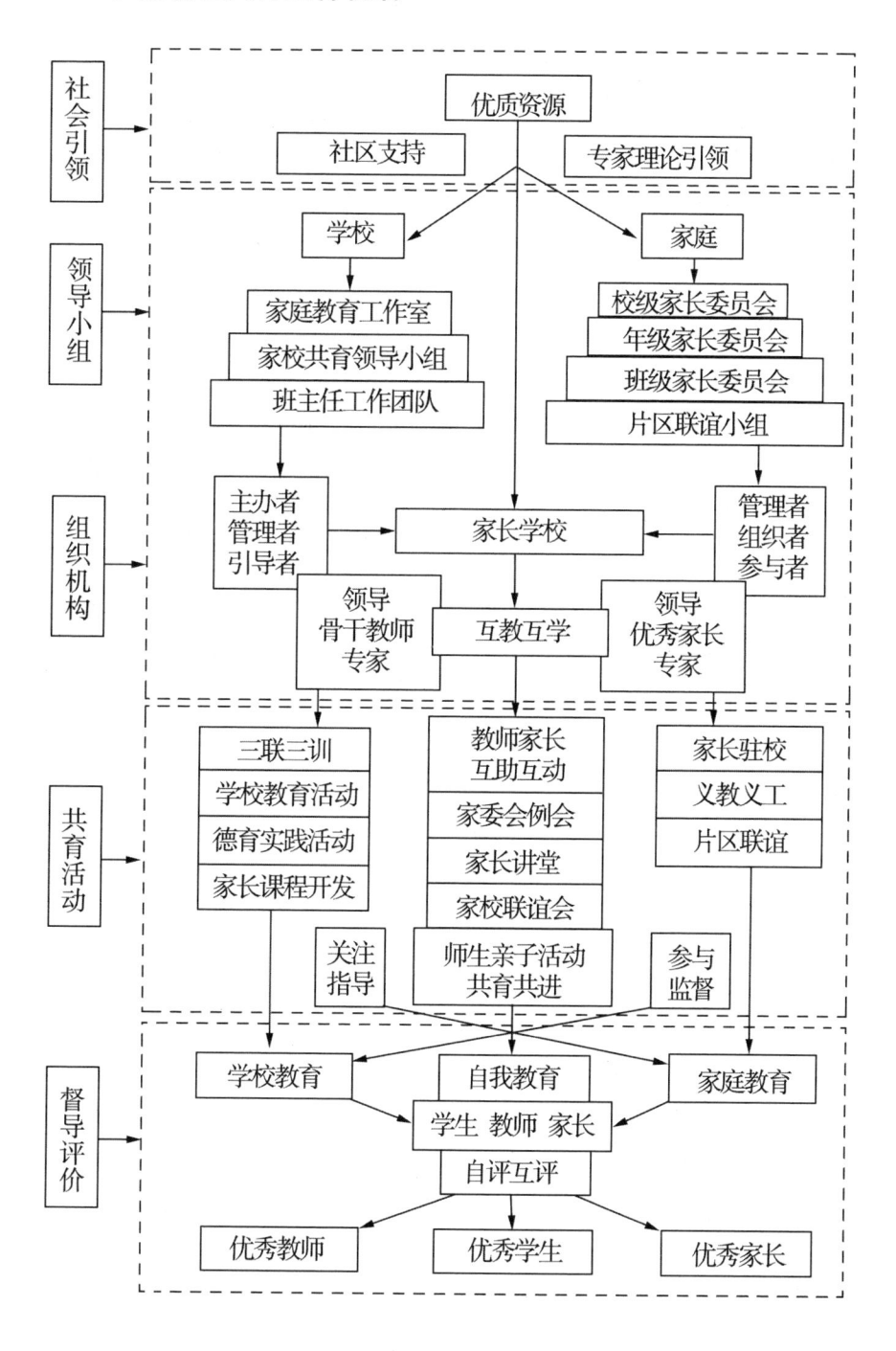

社会引领： 优质资源 — 社区支持 — 专家理论引领

领导小组：
- 学校：家庭教育工作室、家校共育领导小组、班主任工作团队
- 家庭：校级家长委员会、年级家长委员会、班级家长委员会、片区联谊小组

组织机构：
- 主办者 管理者 引导者（领导 骨干教师 专家）
- 家长学校（互教互学）
- 管理者 组织者 参与者（领导 优秀家长 专家）

共育活动：
- 三联三训：学校教育活动、德育实践活动、家长课程开发
- 教师家长互助互动、家委会例会、家长讲堂、家校联谊会
- 家长驻校、义教义工、片区联谊
- 关注指导 — 师生亲子活动 共育共进 — 参与监督

督导评价：
- 学校教育 — 自我教育（学生 教师 家长 自评互评）— 家庭教育
- 优秀教师、优秀学生、优秀家长

41

三、具体工作措施

（一）建章立制，规范学校家委会建设

1. 学校主导，精准服务，项目推进。学校是教育的主体，家校共育工作应由学校负责组织实施。学校建立三级管理体系：一是由教育局、社区、学校领导和家长委员会成员组织成立家庭教育工作室，统领家校社共育工作；二是成立学校家校共育领导小组，由具体科室负责实施；三是完善班主任团队，落实各项工作。各项工作采用项目负责制，由家校共育领导小组具体负责，制定家委会工作章程，制定《岳峰小学家长委员会工作五年发展规划》，制定当年活动计划及月主题活动安排。了解家长需求，为家长提供精准服务。

2. 健全机构，完善程序，广纳资源。在构建四级家委会的基础上，细化班级层面的家长委员会，合理分工，权责清晰。如在班级内成立监督部、义工部、导师部、助教部等。

（二）三联三训，构建家长学习新模式

"学生开学日，家长学习时。"陪伴孩子共同成长应为学校和家长的共识。在家长学习培训方面，学校着力做好以下工作。

1. 构建"互联网+"学习新模式。学校以"家庭教育工作室"为依托，聘请市区家庭教育专家，提供优质资源，通过搭建线上"家长学校"、线下"家长讲堂"，对口沟通，即时沟通，定期沟通，推动学习。

（1）线下学习。每年开学前学校组织两次专家引领，传递正确育儿经验，了解教育动态；每学期召开一次班级家长会，分析学生学习情况，制定个性化教育套餐；每月举办一次主题性"家长讲堂"，为家长、学生设立亲子活动室，每月固定时间、固定主题开展沙龙活动，邀请家庭教育专家、心理健康专家、优秀家长等，到校开讲座，召开分享会、经验交流会。

（2）线上学习。通过建立家长学校，搭建家校沟通云平台、实现家校即时沟通；通过组建网络交流群，实现教师家长在线交流；通过搭建家庭教育虚拟社区、服务社区，实现家长在线学习。另外，建立"纵向引领、横向互助和外力提升"三训机制。

2. 开发家庭教育校本课程。学校开发针对家长的校本课程，如《如何做一名合格的家长》《我是孩子的父亲》等，引领家长学习，撰写感悟心得。

3. 以书香校园建设为推动点，引领书香家庭。在原先每年一度的学校书香家庭评选基础上，利用"超星"阅读活动，开展家校共读、亲子阅读、读书分享等活动，如评选优秀读书心得，撰写《亲子日记》，建立班级家长工作台账，利用网络平台寻找最美爸爸、最美妈妈等。

（三）共育活动，擦亮家校社共育品牌

1. 提供机会，展现学校。学校和家长应成为命运的共同体，成为协同学习的好伙伴。基于此，学校做到"六个一"：每月一次家委会例会、每学年一次家长开放日、每学期一次家长评教、每学期一次全员家访、每学年一次家代会、每年一次书香家庭评选。

2. 参与管理，了解学校。家长只有走进学校，才能了解学生的学习，才能参与学校管理。基于此，家长五年内在学校应做到"八个一"：参加一次升旗仪式、进行一次国旗下演讲、参与学校一次教师例会、推门听老师一堂课、为学校提一条可行性建议、巡查一次校园、进行一次教师座谈、参与一次学校活动。

3. 交流互动，提升自我。参与学校活动可采用层次递进的方式，鼓励有时间、有能力的家长先行动起来。

钻头行动——培育家长志愿者。除家委会成员外，鼓励家长参与家长驻校、家长义工、家长义教，参与社团活动，开设班本课程。

蚂蚁行动——提高家长参与性。每学年，每位家长均能参与班级或学校的一些活动，如"泰安好司机，礼让斑马线"、趣味运动会、班级亲子活动等。

种子行动——片区联谊实效性。结合学校课程设置，每学年围绕泰山文化，由学校提供联谊活动基地，每个班级每个学期要走出校门参加两次实践活动，由片区负责落实。一年级：泰山传统艺术体验，如赶庙会，看皮影，观封禅大典；二年级：勤劳的泰山人，如啤酒酿造工艺、牛奶制作工艺、挑山工等；三年级：泰山物产体验，游览泰山文化博物馆，了解泰山历史故事等；四年级：艺术泰山体验，如封禅表演、泰山千古情、游览文化馆等；五年级：科技泰山体验，如科技馆、会展中心、彩石溪等地的人文景观等。活动由班级家委会负责组织实施。

（四）家长登峰评价

家长评价采用家长参与、孩子监督、学校考核的方式进行。根据家长对学校活动、亲子陪伴、家庭教育活动等的参与情况进行考核，提升家长的教育理念，引领家校共同体建设，携手育人。学生最终实现目标是：在校争当好学生，在家争当好孩子，在社会争当好少年；家长实现的目标是：孩子的好父母，教师的好朋友，学校的好伙伴。

1. "优秀家长"标准

在家校共育活动中，包括参与一次家长驻校，参加一次"礼让斑马线"活动，参加一次家长培训，参加一次片区实践活动，参加一次家长会，参加一次家长义教，参加一次家长义工，参加一次家长志愿者，参与一次班级活动，陪孩子参与一次学校活动，及时为孩子填写峰之德存折，每学期陪孩子读一本好书等，参与活动不少于6项。

参与的活动在班级内设置版面进行公示，以学生记录为主。

亲子共读以家庭为单位提交亲子共读的材料，包括图片、读书心得等。

学期结束，各班根据家长登峰评价栏中家长的参与情况进行统计，对符合以上标准的，在学期末班级表彰会上进行表彰。

2. "优秀家长教师"

参加班级组织的家长义教活动，学生对家长义教进行评价，满意数过半即可获得"优秀家长教师"荣誉称号。

3. "优秀家长导师"

为学校、班级学生的课外实践活动提供平台并能组织学生参与，同时得到参与学生的认可，并及时将活动推荐给学校宣传即可获得"优秀家长导师"荣誉称号。

4. 优秀家长志愿者

每学年参加"礼让斑马线"不少于2次，积极参加学校、班级组织的家长志愿服务活动，每学年不少于2次，陪伴孩子参加一次校外志愿者活动，即可获得"优秀家长志愿者"荣誉称号。

5. 书香家庭

序号	评比内容	分值	赋分
1	有良好的独立的家庭读书环境（有书房、书架、书橱、书桌等）。家庭书香氛围浓厚。	30分	
2	有一定数量适合孩子阅读的课外读物。家庭藏书至少100册；每年购买新书不少于6册，至少订有1—2种适合孩子阅读的书报。	30分	
3	家长和孩子能共同拟定读书计划，按计划读书；家庭能教育并引导孩子多读书，读好书，读整本书。	10分	
4	"亲子共读"，家长与孩子共同读书，孩子每天的阅读时间不少于半小时，家长有读书的习惯。	10分	
5	利用周末或其他休息时间，家长能带孩子到书店或图书馆一道买书、看书，让读书成为一种生活的方式。	10分	
6	在指导孩子读书方面有独特的法，孩子积累的读书材料比较丰富。	10分	
	合计得分	100分	

6. "岳峰好家长"

（1）获得"优秀家长""优秀家长义教""优秀家长导师""优秀家长志愿者""书香家庭"荣誉称号，此荣誉参评时可累积。

（2）在学校、班级组织的各项活动中，积极参与志愿服务活动，每学年至少参与一次志愿服务活动。

（3）每学期至少陪孩子读一本好书，并撰写读书心得，积极参与书香家庭的评选。

（4）孩子每学期峰之德道德银行存折完成一本"日行一善"存储，家长记录及时。

片区一家亲，联谊共育人，构建区域联动家庭教育新生态

学校地处新兴社区群，以进城务工、经商、购房入城居住者为主，处于农村向城市转移的过渡期，家长素质参差不齐，家庭教育观念和方法不均衡，孩子普遍缺乏自信与阳光，缺乏上进心和内驱力，分享与协作意识欠缺。

面对这一现状，岳峰团队自建校伊始就高度重视家校共育工作，确立了三主体育人策略，努力把学生装在心中、把教师推向前方、把家长拉到身边，并积极探索现代学校制度引领之下的家校共同体建设，把家委会建到班上，把班级化整为零，形成了"四级管理，区域联动"家校共同体模式。

一、破冰——让家庭之间"活"起来

2012年春节刚过，伴随着一场春雪，开学前的全员家访如期而至。农历正月初十早上，我和同事来到家住五环小区的杜凛然同学家里，家长的热情仿佛让零下十几度的天气不再寒冷。

当询问家长孩子转学以来的情况时，孩子妈妈深情地说："作为家长，我们对岳峰小学一百个放心，老师们素质高、有爱心，对孩子的照顾无微不至，然然从转学的第一天回来就告诉我们，喜欢这里的老师，喜欢学校的环境，特别感谢学校为孩子提供的机会。"听了家长的话，我们非常欣慰，教师的付出没有白费，能够让家长放心、让孩子安心，说明我们的工

作到位了。不过，家长下面的一席话却让我们的心情久久不能平静。她说："我家搬到这个小区之后，在同一栋楼居住的有三四个孩子，但是见面之后只是打个招呼，孩子们之间从来没有在一起交流、玩耍，我们感到孩子特别孤独，真希望孩子的童年像我们一样留下更多的快乐，真希望家长之间像亲戚一样经常走动。"

家访回来的路上，凛然妈妈的一席话始终萦绕在我们脑海中。下午家访结束后，我们五点召开了一次碰头会，对近两天家访的情况进行交流。

下午的会议，我把上午家访中与杜凛然家长交流的情况向大家进行了说明。在全体教师畅所欲言之后，我谈到，当天的家访给我的触动很大，我们自2010年建校以来，虽然重视家长参与教育的主体性，但是我们的工作做得还很不够。杜凛然家长的一席话，让我们听到了家长的"诉求"，感受到了孩子的"孤单"，这不是家长的错，而是我们学校工作还没有做细、做实、做到家长的心坎上。作为新建学校，我们要全身心地为孩子成长提供最适合的资源和平台。正如张志勇副厅长所说的："不同家庭的生存背景、不同家庭的生活样式、不同家庭产生的不同故事，都是课程资源。"因此，我们现在的首要任务就是要"破冰"，要切实打破当前家庭之间互不联系、形同陌路的局面，要让2012年的春天不再寒冷！我的话警醒了每一位教师，也为岳峰小学家校合作开辟了新的路径。由此，我们正式开启了岳峰小学家委会建设的升级版实践，也就是在原来"学校、年级、班级"三级家委会的基础上，把以班级为核心的全体家庭化整为零，根据学生的家庭住址，按照"就近与自愿"的原则划分5至8个片区，形成片区联谊小组，由片区组长负责组织开展片区联谊活动。

二、凝心——让家庭之间"暖"起来

片区联谊小组的组建，目的就是让家庭与家庭之间连接起来，为了确保片区联谊发生质的变化，我们重点做好了以下三个方面的工作。

首先，从机制上改变。片区联谊小组的划分先由班主任依据学生的家庭信息进行分类，然后在班级QQ交流群中公布征求意见，家长可根据实际情况进行适当调整。片区划分之后，采取自下而上、自主申报、民主选举的形式推选出片区组长，负责整个片区联谊活动的组织与开展。片区联谊机制的建立，打破了原有的模式，为家庭教育工作的实施迈出了第一步。

其次，从观念上改变。机制建立是保障，思想统一不可少。班主任召开以片区为单位的家长会，转变观念。这种小型的家长会犹如家庭会议，便于交流沟通。班主任只是担任主持人，组织全体家长畅所欲言，重点就家长参与学校教育的重要性、片区学生的整体情况、片区联谊小组如何开展活动等进行讨论，达成共识。家长们自主交流的过程，不仅仅是思想统一的过程，更是观念转变的过程。每位家长进而认识到：每个孩子都是大家的孩子，每个家庭都是孩子们的家庭！

最后，从行动上改变。我们坚信：每个家庭都是独一无二的！因此，我们提出了"人人都能做示范，家家都能做资源"的口号。家庭之间的"差异"就是资源，家长的"参与"就是资源。行动起来，了解起来，融合起来，建立彼此信任、相互帮扶的联盟关系。

家庭互访行动，实现由小家到大家的转变。组建片区联谊小组之后，学校组织片区开展的第一次活动就是"家庭互访、共筑大家"。这种区域内的互访活动，每个家庭都是精心准备的，无形中也让家长从内心里激发了改变的动力。在互访交流的过程中，对比、反思才是最有价值的，每个家庭的环境，家长和孩子之间的亲情流露，都是最真实的资源。

片区育儿沙龙，成为智慧分享的美好时光。我们倡导，每个片区每月至少要组织一次片区沙龙活动。家长可邀请班主任或班级家委会主任参加，共享育儿经验，破解育儿难题，"用我的行动影响孩子，用别人的经验改变自己"成为家长们共同的信仰。

家庭友情聚餐，既温暖彼此，又贴近心灵。片区组长定期组织的家庭聚餐活动，成为片区的一种精神凝聚点。在聚餐的过程中，孩子们之间可以相互影响，彼此学会分享、协作、礼仪，家长们更能够畅所欲言，取长补短。家长们一直认同：聚餐也是一种教育文化！

"陪伴、分享、包容、理解、互助、共进"已成为片区大家庭共同的家风。

三、拓源——让家庭之间"联"起来

片区联谊小组的建立，是让家委会工作落地生根的重要保障，两周一次片区组长交流会，每月一次家委会例会，让家长的心声和诉求及时得以

回应。片区内家庭之间真正实现了联而有效、同步共生。

一是实现了片区联系"零"盲区。每个片区的每个家庭都能在最短时间内取得联系。每学期初的全员家访，学校在孩子刚刚入学的第一次家访，要求全体教师必须落实"家家访、户户到、人人见"。成立片区联谊小组之后，我们的家访工作主要就是片区家访，既访小家，又访大家。这种"大家访"的形式深受家长欢迎，不仅提高了家访的实效性，更重要的是促进了片区家长之间的融合。

二是实现了家庭教育"齐"步走。真正给片区的每个家庭提供了学习、交流、合作的平台，以优秀的家庭教育资源引领每一位家长不断改进家庭教育方式，以点带面，辐射整体。发挥片区的监督和教育优势，在学生安全管理、学校教育落实等方面达到同步、同效，特别是平时工作比较忙的家长深有感触，单位有事，"片区大家庭"群内一求助，问题马上得以解决，再也不用担心孩子的接送问题了。

三是实现了教育资源"多"元化。充分发挥家长的参与热情，开发以实践体验为主的家本课程，作为校本课程在周末和节假日等校外活动时间的延伸。走进红叶谷、九如山、湿地公园、体验农场、动物园，参加樱桃采摘、公益义卖、山林防火宣传、文明劝导……像这样的活动还有很多很多。丰富多彩的家本课程，不仅让孩子们增长了见识，拓宽了视野，更重要的是培养了他们的公民意识和责任担当，真正让他们走出校门，步入社会，有了一种别样的收获。近年来，各片区共开发家本课程200余项，组织开展片区实践活动560余次。如"亲子快乐健身行动""21天习惯养成计划""书途同归读书会"等已经成为各片区的常态活动。

近两年来，在以"片区联谊小组"为落脚点的实践基础上，我们逐步跳出了年级片区的界限，实施"跨界协同"，打破年级界限，组建跨年级、跨班级的片区联盟，让孩子们年龄之间的差异也成为成长中的宝贵资源。随着家长教育观念的逐步改变，每个片区都有一个家庭教育指导者成为我们努力的方向。

教育始于家庭，家庭关系未来！未来之路，我们将始终秉承"让每一个生命挺拔如峰"的核心目标，努力营造"共创、共担、共生、共赢"的教育新生态。

让每一个生命挺拔如峰

心访万家和，携手共登峰

峰之"和"，有两层含义：其一是"和谐"之氛围，其二是育人之"合力"。人和万事兴，家校和，则学生强；相反，家校远，则学生弱。在工作中，只有想方设法实现家校同心、同向、同行、同力，才能达到共识、共担、共创、共赢的目的。在工作中，我们一直引领教师和家长达成这样一种共识：家庭教育为根，学校教育为干，根烂了，树就容易倒，根深方能叶茂，根基不牢地动山摇；同样，主干如果不粗壮，小苗难以长成参天大树，所以孩子的成长需要家校默契配合，相互补充，相得益彰。北京四中原校长刘长铭指出，凡是家长与学校不配合的，结果都是悲剧。在职责分工方面，我们教师的责任在于引导，在于示范。梅贻琦曾说："学校犹水也，师生犹鱼也，其行动犹游泳也，大鱼前导，小鱼尾随，是从游也。"家长的责任在于陪伴，在于走进孩子心灵的陪伴。学校要做的就是努力创建环境，搭建平台，让教师、家长、学生尽情演绎生命成长的交响乐。

基于此，我们实施"三主体"育人策略，三主体分别是教师、学生和家长。教育是一项系统工程，如果教育内部力量主要表现为学生和教师的话，那么教育外部力量则主要表现为家长的参与。学生为本、教师为基是永远不变的两个主题，教师的主体作用在于给学生提供专业化的教育引领，协同家长共同教育好学生。家长的主体作用在于培养学生良好的习惯、健全的人格，配合教师开展好家庭教育。教师和家长在发展学生的同时，自身也是生命的发展者。只有把学生装在心中，把教师推向前方，把家长拉到身边，才能形成教育主体的同步共生。

在以上理念的引领下，我们积极探索现代学校制度引领下的家校共同体建设，把班级化整为零，把家委会建到片区，努力构建"四级管理，区域联动"家校共同体新生态，并且把家访作为家校沟通的桥梁和纽带。经过八年的发展，我们建构了大家访课程，具体包括大"家访"、"大家"访、访"大家"、"家访"大四个层面。

一、大"家访"——让家访渠道、内容、指向多元化

大"家访"，就是通过拓宽家校联系渠道，丰富家校联系内容，精准家访联系指向，形成优化互访、互学、同步、共进的运行机制。

1. 拓宽家校联系渠道。首先是线上沟通，我们每学期初要向每位家长发放"家校连心卡"，公布学校领导班子、班主任、家长委员会成员的联系方式和邮箱，充分利用微信平台、学校网站、班级 QQ 群等方式即时与家长沟通学生在校情况。其次是线下沟通，每学期一次全员家访，每学期一次家校座谈会，定期召开家委会例会，收集片区反映的问题及提出的建议，拉近家长和学校的距离。

2. 丰富家校联系内容。每学期开学前集中全员家访，风雨无阻，雷打不动，日常落实教师与家长每月至少见一面、交流一次的制度，切实达到"家家访、户户到、人人见"的要求。教师通过深入孩子的家庭，真正了解学生的家庭环境、家庭背景、在家表现、存在问题，对学校发展建言献策，为实施有针对性的教育掌握第一手资料。我们一直坚持这样的观点：家访是心的呼唤，是心访；是情的交流，是情访；是爱的传递，是爱访；是景的体验，是景访。

3. 精准家访联系指向。第一，寻找孩子发展的平衡点。学校附近有一个片区叫光彩大市场，这一地区的家长主要靠批发零售业为生，平时忙于生意，对孩子教育关心和重视程度不足，孩子的自理能力也比较差，同龄孩子在其他片区的平均分要比这个片区高 2 分左右。学校发现这个问题后，及时总结梳理，通过教师全员家访、教师定点帮扶及家长教师结对子等形式，强化家校联系。半学期以后，这一片区的学生成绩明显提高，家长更是喜出望外，真正了解了家校沟通的重要性。

第二，与"问题"孩子做朋友。每个班级总会有一些学生在心理、学业等方面出现这样那样的问题，基于此，学校建立全员育人导师制，每名教师帮扶5名孩子，对学生进行心理沟通与学业辅导，成效明显。同时，针对当前文明城市创建面临紧要关头，部分从事环卫行业的父母可能加班加点无法全心投入到关心指导孩子的学习中去，学校精选教师对此类学生进行学业指导，消除了家长的后顾之忧，让家长全心投入到创城工作中去。每学年，学校也会走访慰问留守儿童和单亲家庭的孩子，让学生真正感受到学校的关心和呵护。

二、"大家"访——让家访参与全员化

家访前，学校召开教师全员家访动员会，从校长到各位教师，从年级家委会主任到班级片区组长，全员参与到家访活动中来。

1. 流程管理，让家访"实"起来。我们精心组织每一次家访，实行流程化管理，从方案制定，到材料整理，从经验分享，到总结反思，全体教师、家长清晰明了，便于操作。

2. 教师参与，让家访"动"起来。我们牢固树立一种思想：家访的目的在于"沟通""了解"，实现的目标是"走心""凝心"，采取的方法就是"家家访""人人见"。我们落实全员参与制度，在校内，从校长到教师全员参与。同时我们鼓励学校门卫、食堂工人等后勤服务人员及时与家长联系，都参与到我们的家校交流中来。

3. 家长参与，让家访"活"起来。在校外，从学校家委会主任到班级片区组长全员参与，全体家长积极参与到家访活动中来。

4. 行政参与，让家访"优"起来。与此同时，我校家访得到了各级领导的认可，市区两级教育局局长参与我校家访，让家访的区域环境更加优化。

三、访"大家"——让家访主体融合化

学校通过家庭互访、驻校回访等不同形式，将学生、教师、家长及社会紧密联合在一体，让家访主体融合化。

1. 家长把学校当作"家"。学校通过开展家长驻校、家长开放周活动，

定期召开家长会，开设家长讲坛等途径为家长回访学校搭建重要平台。家长可以深入了解学校，了解孩子，形成合力。学生孙丰宇的妈妈赵红梅在参加全天驻校活动之后写道：这一天，对我而言是一次宝贵的经历。作为家长，我不仅领略了老师们的教学风格，还真切感受到了老师们对学生的爱，正因为有爱，老师们才倾尽所有精力，培育这一群祖国的下一代，这些孩子真是太幸福了！作为家长，我把孩子送进这样一所具有独特魅力的学校，交给如此优秀的老师，我们一万个放心，因为学校也是我们家长的"家"！

2. 片区也是每个学生的"家"。在全员家访的引领下，我们充分发挥片区联谊小组的融合作用，定期开展片区内"家庭互访、共筑大家"活动。一是在对比反思中定位自己。这种区域内的互访活动，每个家庭都是精心准备的，无形中让家长从内心里激发了改变的动力。在互访交流的过程中，对比、反思才是最有价值的，每个家庭的环境，家长和孩子之间的亲情流露，都是最真实的资源。二是在智慧分享中收获经验。片区育儿沙龙活动已成为智慧分享的美好时光。班主任作为班级共同体的责任人，同时担任家庭教育指导者的角色，引领每个片区每月至少要组织一次片区沙龙活动。共享育儿经验，破解育儿难题，"用我的行动影响孩子，用别人的经验改变自己"成为家长们共同的信仰。三是家校一体化模式正式形成。各片区通过典型引领，示范先行，将学校与家庭紧密联系在一起。四是在友情聚餐中凝聚情感。片区组长定期组织家庭聚餐活动，成为片区的一种精神凝聚点。在聚餐的过程中，孩子们可以相互影响，彼此学会分享、协作、礼仪，家长们更能够畅所欲言，取长补短。家长们一致认同：聚餐也是一种教育文化！"陪伴、分享、包容、理解、互助、共进"已成为片区大家庭共同的家风。

四、"家访"大——让家访机制长效化

"家访"大，做到让家访机制长效化。通过全员家访活动，拉近学校与家庭的距离，密切家校沟通，形成育人合力，达成了教育无盲区（家委会例会、年会表彰）、家校齐步走（效果）、投诉趋零化、家本课程体系化、荣誉全覆盖（道德模范、最美家庭）的效果。

1. 实现了教育无盲区。学校实施定期沟通，充分利用智慧校园平台视频广播的形式，由学校业务校长为全体家长解读学期学生成长表现及学业水平分析；其次，各班级针对本班级出现的问题在教室内与班主任和任课教师密切沟通，分析现象，总结成绩并查找短板；第三，班级以片区为小组对出现的问题进行集中交流，然后每个小组选出优秀家长做出典型引领，最后全体家长通过宣誓，发出自己的宣言，培养家长的仪式感。这种良好的沟通机制也带动了片区之间的互访、互学、互助、互联。

2. 实现了家校齐步走。为落实"依法治校、民主管理"，我们确立了以现代学校制度为引领的重大事项三会决策机制，即：教代会、家代会、少代会。其中家长代表大会每年举行一次，通过家委会总结交流一年来的工作，听取学校工作报告及提案答复，形成新学年家长委员会工作决议，以此引领家委会工作有序运行。同时，会议还就校级家委会组成人员进行民主评议，对优秀片区组长、优秀家长志愿者进行表彰，树立榜样，引领全员参与。家长征集与撰写提案是家代会的重要议题，是家长参与学校民主管理的重要渠道，学校对于家委会提出的开放运动场、图书室，开设足球俱乐部，规范校门口车辆停放秩序，饮水问题，礼让斑马线行动等及时予以解决，得到了广大家长的高度好评。

3. 学校投诉趋零化。随着家访的深入和交流，家校之间相互信任，彼此依赖，避免了误解和分歧，学校在市区惠民服务调研中投诉趋零，家长的认可度和满意度逐年提升。

4. 实现了家本课程体系化。学校已形成"447"课程体系，2018年被评为山东省小学优秀课程，在实现国家课程校本化、地方课程整合化、校本课程精品化的基础上，努力探索家庭教育课程化的实施策略，开发体验化家本课程、学习化家教指导课程、参与化家长积分评价课程等。

做到家本课程体系化，一是开发以实践体验为主的研修课程，充分发挥片区联谊小组的作用，探索开发实践体验课程，作为校本课程在周末和节假日等校外活动时间的延伸。如走进红叶谷、九如山、湿地公园、体验农场、动物园，参加樱桃采摘、公益义卖、山林防火宣传、文明劝导等，这样的活动还有很多很多。丰富多彩的家本课程，不仅让孩子们增长了见识，拓宽了视野，更重要的是培养了他们的公民意识和环保意识，真正让他们走出校门，步入社会，有了一种别样的收获。二是开发以家长引领为主的义教课程，主要是发挥家长的职业特点、兴趣特长，为学生提供丰富的教育资源，从内容上涵盖了特长培养、传统文化、文明礼仪、卫生保健、安全防护、价值取向、人生规划等诸多方面，从形式上包括班级义教、社团义教和年级义教等。目前，共有428名家长走上讲台，为学生带去知识和技能，送上爱心和智慧。三是开发以学习提升为主的家教指导课程，促进学校家庭教育指导的系列化，形成规范化的学校家庭教育指导教材和各类德育资源，创设家庭教育课程化实施的有效途径和方式。针对不同家庭群体开发家教指导课程，针对孩子成长中的具体问题，召开不同层面的妈妈交流会、爸爸交流会，开展"微家教"。所谓微，一是问题精而准，不宽泛，基于问题解决，如孩子坐不住，做作业拖拉等，二是参与的家长不是全部，而是基于有同感的家长群体；三是时间短，十几分钟到几十分钟，受到启发、找到方法即可。为了提升家庭教育的实效，调动家长参与学校教育的积极性，发挥好主体育人的作用，学校建立了"亲子同登峰共成长"的家长评价考核表彰激励机制。

教育始于家庭，家庭关系未来！家校共育，催得蓓蕾花开，亲子同登峰，凝聚向上的力量。2018年，省家校社共同体推进会在我校召开，这不仅是对学校的肯定，也是对全体学生、家长、教师的充分认可。这就是信任的力量，协同的力量，改变的力量，坚守的力量。

幸福教育人为本，家校携手共登峰

——岳峰小学"1246"家校共同体实践

苏霍姆林斯基说："教育的效果取决于学校和家庭教育影响的一致性。如果没有这种一致性，那么学校的教学和教育的过程就会像低级的房子一样倒塌下来。"

全国知名作家、开滦一中校长张丽钧认为：理想的"家校关系"是盟友关系。我们是同一战壕里的战友，勠力同心地将孩子托举到更高处。家长应该成为教育资源的补充者、学校办学的监督者、学生个性成长的引领者和学校教育的同盟军。

那么，在孩子的成长过程中，学校是什么？家庭是什么？

康有为曾说："夫育人才，犹种树也。"种树和育人，义相近，道相似，理相通！

家庭是教育的根基，学校是教育的主干，而家庭和学校共同营造的环境，犹如孩子成长的阳光、空气、土壤，根不牢、茎不实、环境不到位，教育之树就会出问题。

学校提出的"让每一个生命挺拔如峰"的核心目标，就像顾明远教授对我们的期望一样——让人变得强大。从学校教育目标来看，"人"字的一撇就是"品德"，一捺就是"才智"；从教育主体来看，一撇就是学校教育，一捺就是家庭教育，而周围的环境就是社会教育。学校教育和家庭教育是支撑学生成长的关键，社会教育在于熏陶，由此构成了家校社三位一体的育人格局。

基于此，我们提出了三主体育人策略，力求实现主体发展的同步共生，关注家长主体发展的协同化，通过家庭教育指导，培养"懂教育、懂孩子、懂未来"的家长。

在家校共同体实践中，我们提出了"1246"发展思路，即构建"四级管理，区域联动"家校共同体模式，实施基于沟通的"三联"机制和基于培训的"三训"机制，开发"以实践体验为主的研修拓展课程、以家长引领为主的义教助力课程、以学习提升为主的家教指导课程和以参与成长为主的积分评价课程"四类课程，坚持"家长驻校指导、家长评教议教、全员家访交流、家长志愿服务、家长代表大会、示范家庭评选"六大行动。

一、构建一个模式，形成家校共育体系

1. 建构组织。按照"依法办学、自主管理、民主监督、社会参与"的要求，我们立足学校实际，构建"四级管理，区域联动"家校共同体模式，积极探索现代学校制度建设。

所谓"四级管理"，是指家长委员会的四级组织机构，即学校家长委员会、年级家长委员会、班级家长委员会和片区联谊小组，形成"学校家委会为引领，年级家委会为组织，班级家委会为核心，片区小组为主体"的四级管理网络。

所谓"区域联动"，是指把班级家长委员会作为最基本、最核心的单位，同时每个班根据学生的家庭住址，按照"就近与自愿"的原则划分5至8个片区，形成片区联谊小组，由片区组长负责组织开展片区教育活动。其目的一是优化组织，达到片区联系"零"盲区，每个片区每个家庭都能在最短时间内取得联系；二是搭建平台，发挥不同家庭的教育资源优势，真正给片区的每一个家庭提供学习、交流、合作的平台，以优秀的家庭教育资源引领每一位家长不断改进家庭教育方式，以点带面，辐射整体；三是教育同步，发挥片区的监督和教育优势，在学生安全管理、学校教育落实等方面达到同步、同效；四是资源开发，发挥家长的参与热情，开发以实践体验为主的家本课程，如社会综合实践、爱好特长培养、公民道德教育等。

2. 主任竞聘。坚持"由下而上，民主推荐，竞聘产生"的原则，组建

四级家委会。片区内民主推荐组长，班内竞聘演讲推荐班级家委会主任，进而推荐成立校级家委会。

3. 明确职责。依托"四级管理，区域联动"家校共同体，落实"谋、助、联、学、行、督"六字方针，实现片区联系"零"盲区、家庭交流常态化、安全管理同步走、资源开发有成效的目的，真正形成"上下联动，组织有序，职责分明，覆盖整体"的家长网络体系。

二、实施两项保障，确保家校共育方向

我们在建立家长委员会的基础上成立家长学校，把加强家校沟通，促进家庭教育均衡纳入重要工作议程，实施"三联三训"机制。

"三联"就是家校沟通的三条途径，一是对口沟通，向每位家长发放"家校连心卡"，公布学校领导班子、班主任、家长委员会成员的联系方式和邮箱，落实"首问答复制"和"限时回复制"，确保家长诉求问题及时解决，被家长们称为孩子教育问题的"110"；二是即时沟通，充分利用微信平台、学校网站、班级QQ群等方式即时与家长沟通学生在校情况；三是定期沟通，定期召开家委会例会，收集片区反映的问题及提出的建议。每学期一次全员家访，每学期一次家校座谈会，拉近家长和学校的距离。通过"家校联系手册""致家长的一封信"等形式定期交流学生的发展状态、明确家庭教育的要求；利用智慧校园平台，实现了问题回应"不过时"，限时答复"不过天"。

"三训"就是家长培训的三种形式，即纵向引领、横向互助和外力提升。纵向引领培训是基于媒体的自学式培训，通过《家校共育手册》《岳峰少年》校报和微信平台，推送家庭教育的好经验、好做法，以及学校的教育思想、办学理念、培养目标、教育动态等等，引导家长准确把握家校共育的聚焦点，明确家庭的基本教育职责。横向互助培训主要针对家庭教育中的困惑开展主题式培训，发挥优秀家长的引领作用，采取家长交流会、家庭教育沙龙等形式，组织家长间的同伴互助、共同提高，先后推荐70余位家长作家庭教育典型交流。外力提升培训主要是邀请市内外教育专家针对不同学段的家长开展递进式培训，如新生入校第一天，就本着"孩子入校、家长入学"的宗旨对新生家长进行培训；一个学期之后，对一年

级家长进行跟进式培训指导，增强家长教育孩子的信心，提升家庭教育能力。

我们在全市率先成立家庭教育指导中心，组建了以专家指导为基础、班主任引领为关键、优秀家长交流为重点的三支家庭指导队伍，做到了"有资源""有队伍""有渠道"，确保家庭教育培训指导的实效性！

通过学校微信平台，每天早上 7：30 定时发布"家教清晨之声"，就家庭教育问题对家长进行指导，引领家庭教育的正确方向。

三、开发四类课程，拓宽家校共育平台

学校已形成"447"课程体系，在实现国家课程校本化、地方课程整合化、校本课程精品化的基础上，努力探索家庭教育课程化的实施策略，开发体验化家本课程、学习化家教指导课程、参与化家长积分评价课程等。

一是开发以实践体验为主的研修课程。充分发挥片区联谊小组的作用，探索开发实践体验课程，作为校本课程在周末和节假日等校外活动时间的延伸。如走进红叶谷、九如山、湿地公园、体验农场、动物园，参加樱桃采摘、公益义卖、山林防火宣传、文明劝导等，这样的活动还有很多很多。丰富多彩的家本课程，不仅让孩子们增长了见识，拓宽了视野，更重要的是培养了他们的公民意识和环保意识，真正让他们走出校门，步入社会，有了一种别样的收获。学校已形成了基于"三位一体"的研学旅行课程，让实践体验有效落地。近年来，各片区共开发家本课程 200 余项，组织开展片区实践活动 360 余次。如"亲子快乐健身行动""21 天习惯养成计划""书途同归读书会"等已经成为各片区的常态活动。

二是开发以家长引领为主的义教课程。主要是发挥家长的职业特点、兴趣特长，为学生提供丰富的教育资源，从内容上涵盖特长培养、传统文化、文明礼仪、卫生保健、安全防护、价值取向、人生规划等诸多方面，从形式上包括班级义教、社团义教和年级义教等。目前，共有 428 名家长走上讲台，为学生带去知识和技能，送上爱心和智慧。

三是开发以学习提升为主的家教指导课程。促进学校家庭教育指导的系列化，形成规范化的学校家庭教育指导教材和各类德育资源，创设家庭

教育课程化实施的有效途径和方式，开发具有地域特色、不同层次的家庭教育指导课程。

四是开发以参与成长为主的家长积分评价课程。在家长参与学校教育的态度、行动等方面探索家长评价课程的途径，形成"家长参与教育，学生健康成长"的浓厚氛围，把做合格家长作为幸福家庭创建的重要抓手。每学期自主选择"六个一"，让优秀家长成为每位家长成长的目标，让"亲子同登峰、共成长"成为改进家庭教育的重要方向。

四、坚持六大行动，促进家校共育成效

1. 家长驻校、校园开放常态化

为了让家长深入了解学校，了解孩子，形成合力，我们坚持开展"家长驻校"活动。家长自愿申报，家委会统一安排。每天 2 至 4 位家长，全方位、全过程、全时段参与学校管理，深入了解学校管理的方方面面，如随堂听课、安全监控、食堂管理、后勤指导、列席会议及家长意见征集，等等。每天的值日校长会主动与驻校家长交流驻校情况，吸纳意见和建议，真正让家长成为学校教育的宣传协理员、信息反馈员、义务监督员。

2. 家长评教、评优树先民主化

我们坚持每学期开展一次家长评教活动。由家委会设计评教内容和标准，通过微信评教的方式民主评议，学校将评教结果作为改进教学管理，落实满意度考评的重要依据。

3. 全员家访、月月见面制度化

每学期开学前全员家访，风雨无阻，雷打不动，切实达到"家家访、户户到、人人见"的要求。教师通过深入孩子的家庭，真正了解学生的家庭环境、家庭背景、在家表现、存在问题，为实施有针对性的教育掌握第一手资料。

4. 家长义工、助力教育志愿化

"有时间，做义工，有需求，找义工"已成为家长们共同的心声。几年来，家长参与志愿者活动已达 85% 以上，他们用行动影响着孩子们的志愿者精神，岳峰小学峰之行志愿者团队被授予泰安市优秀志愿者团队称号。两年来，由家长委员会组织开展的"泰安好司机、礼让斑马线"活动

已成为我校在创建文明城市行动中的亮丽风景。

5. 家代会、家校座谈会实效化

我们确立了以现代学校制度为引领的家长代表大会年会制度，目前已举行四届，通过家委会总结交流一年来的工作，听取学校工作报告及提案答复，形成新学年家长委员会工作决议，以此引领家委会工作有序运行。同时，会议还对优秀片区组长、优秀家长志愿者进行表彰，树立榜样，引领全员参与。

家长征集与撰写提案是参与学校民主管理的重要渠道，七年来，共收集家长意见和建议300余条，学校对家委会提出的开放操场、图书室，开设足球俱乐部，规范校门口车辆停放秩序，饮水问题，礼让斑马线行动等及时予以解决，得到广大家长的高度好评。

6. 示范家庭评选、典型引领长效化

我们坚信，每位家长都是独一无二的教育资源，每个家庭都是一个教育基地。为此，我们坚持每学年组织一次示范家庭评选，以此引领家长树立"榜样示范"和"环境营造"的意识。

让每一个生命挺拔如峰

家校携手凝聚力，幸福教育创品牌

"老师，我来！""老师，我会！"三年级一班的教室中发出了学生的阵阵欢呼声，吸引着我们的脚步，是谁的课堂如此精彩？是哪一种教育的力量让教室如此焕发青春？走进看时，原来是一位义教家长来到学生中间，手把手教孩子们剪纸这一民间传统技艺。不仅如此，义教家长还给孩子们带来了交通安全、文明礼仪、理想信念等丰富的课程资源，他们所带来的励志故事、法律知识、人文地理、医疗保健、汉字寻根等是同学们在课本中闻所未闻的知识，是有技术专长的家长走进教室带来的"家长课堂"。

一、问渠那得清如许，为有源头活水来

丰富的课程资源犹如春风雨露，能够滋养学生幸福的人生。在课程资源开发上，学校多措并举，整体推进，探求峰之源。

家长课程资源的开发主要从常规服务和资源教育两个方面入手。常规服务，被我们亲切地称为义工志愿大使，主要包括协助学校对学生的习惯养成进行协同教育，对学校各项活动给予人力支持，对学校安全、卫生、环境等进行协同监管。资源教育，也就是家长义教，主要是发挥家长的职业特点、兴趣特长，为学生提供丰富的教育资源，从内容上涵盖特长培养、传统文化、文明礼仪、卫生保健、安全防护、价值取向等诸多方面，从形式上包括班级义教、社团义教和年级义教等。目前，已有196名家长走上讲台，为学生带去知识和技能，送上爱心和智慧。

经过三年多的探索，家长课程资源的开发有力地破解了综合实践课程

的师资问题，把综合实践课落实到了实处，给学生带来了新鲜的课堂，让他们拓宽了知识，享受了教育，特别是家长进课堂，课程知识新，课堂秩序好，每次都是新面孔，学问也不一样，学生开阔了眼界。家长义教已经成为学校一道亮丽的风景线。不仅如此，家长从中也对教师这一行业有了深切的体验，收获良多。一年级一班李艺宸的妈妈陈梅义教之后在自己的微博上写了下面的一段话：义教结束的时候，我觉得自己收获了很多，和这些孩子相处会让你变得很有激情，那一双双纯真的眼睛让人觉得很真实，没有任何的虚假，可以说这就是童真。回头想自己去义教之前，还在抱怨参加义教是浪费自己的时间，但经过这次义教，觉得自己有这个想法真的很不应该，义教本来就是很有意义的，只要有时间，我还会再去的。

二、湖光秋月两相和，潭面无风镜先磨

学校的家长委员会工作以"四级管理"为组织形式，分级管理，相互协作，在工作中力求达到"和"而有序、"和"而有效，以此来实现峰之和。

和而有序是保障。学校家委会工作中的四级管理是指家长委员会的四级组织机构，即学校家长委员会、年级家长委员会、班级家长联谊会和片区联谊小组。其中，班级家长联谊会是最基本、最核心的单位，在此基础上化整为零，按照学生居住地划分5至8个片区联谊小组，真正形成"上下联动，组织有序，职责分明，覆盖整体"的家长网络体系。通过分级管理，各级家委会职责更明确，合力更显著，在不同时段全方位、全过程、立体化地参与学校管理，充分发挥了各自的优势，形成了参与学校教育管理的光荣感、自豪感和使命感。

目前，学校家长委员会有主任1名，副主任2名，秘书长2名，成员由年级家委会主任担任，主要负责家长委员会的全面管理、计划制定、家长培训、家长驻校指导、心声诉求接待、优秀家庭评选等工作。学校专门建立家长委员会办公室，建立健全了《家长驻校制度》《岳峰小学"峰之行"家长义工管理制度》等规章制度，确保家委会工作和而有序。三年级二班管禹舜同学的家长管增安在驻校之后，深有感触地说："在岳峰的校园里，有高瞻远瞩的领导，有认真负责的老师，更有勤学好问的学生，这

一切组成了岳峰——一幅美丽的画面。孩子在岳峰不仅学到了丰富的文化知识，而且培养了一种永攀高峰的韧性。我相信在岳峰学习的经历，必定会为孩子的人生打下坚实基础。"

2013年12月8日，是一个有纪念意义的日子。这一天，学校成立了泰安市首个"家庭教育工作室"，制定了《岳峰小学家庭教育工作室职责》，专门聘请市区家庭教育、心理教育专家指导开展工作，把家庭教育作为一项课题深入研究，做到了规划与研究同步，指导与提升并行。家庭教育工作室的成立必将成为我校家委会工作中浓墨重彩的一笔。

和而有效是目标。家庭教育既是学校教育的前提，也是学校教育的延续。因此，家长委员会把加强家校沟通，提升家庭教育水平纳入重要工作议程，形成了"三联三训"机制。

三、长风破浪会有时，直挂云帆济沧海

学校的家委会工作以片区联谊活动为载体，在学校家长委员会的协调、带动下，各片区精心组织，周密安排，积极实践峰之行。

深入校园，参与体验，家校合作"行"而同步。"我们岳峰小学开放办学，就是要把家长请进学校，参与管理，亲身体验。"于是，开学后由家长自愿申报，学校家长委员会审核批准，统一安排驻校时间，开始了家长全天参与的驻校活动。驻校家长通过全方位、全过程、立体化参与学校管理，深入了解学校管理的细节，监督学校管理的方方面面，如随堂听课、安全监控、食堂管理、后勤指导、会议听取及家长意见征集，等等。

区域实践，以点带面，家校合作"行"而同进。近年来，家长通过片区联谊会组织学生先后走进科技馆，步入规划厅，深入福利院，走进大自然感悟生活，参与社会公益活动，开展社区志愿者活动，等等，给学生提供了丰富多彩的体验资源。通过组织学生参与这些公益活动，让孩子们走出校门，步入社会，有了一种别样的收获。在活动中，孩子们不仅增长了见识，拓宽了视野，更重要的是培养了孩子们的公民意识。四年级二班的杨喻安同学参加了福利院的公益活动后，在自己的日记中写道：在回家的路上，我的心久久不能平静，想想他们，身体不好，爸爸妈妈又把他们遗弃在那里，他们不能像正常人一样生活，不能去学校上课，不能去看外面

美好的世界。想想我呢，想要什么就会有什么，想吃什么爸爸妈妈都能给我买，只要我想的他们都会想办法帮我实现。看看他们，想想自己，我觉得自己好惭愧，以后我要好好学习，听爸爸妈妈的话，好好珍惜现在的生活。

　　理念带动发展，行动成就未来，家委会工作在与学校办学理念的高度融合中，和着家校同声、和谐共育的生命教育交响曲，携手在美丽的岳峰小学描绘爱的同心圆，成就孩子们生命的精彩，成就岳峰的幸福教育品牌！

峰 之 趣 ——课程特色篇

趣乃学问之始也。基于对"兴趣是最好的老师""没有兴趣就没有学习""提供最适合的教育,让每个孩子健康阳光快乐成长"的共识,以国家课程的落实为出发点,整合、开发地方课程、校本课程、家本课程,提供课程套餐,打造"愉悦、灵动、共赢"的学共课堂新形态。

让每一个生命挺拔如峰

构建峰之"趣",催生峰之"翼"

——岳峰小学"447"峰之趣课程体系掠影

一、我们的课程观

我们始终认为：学校教育就是服务，一种精神服务，具体到服务产品，那就是课程！为此，我们遵循"提供最适合的，选择最喜欢的，争做最优秀的"宗旨，把课程的开发和整合作为实现育人目的的重要途径，努力为每一位学生提供丰富的课程资源，力求让每个学生在小学五年能够至少有一个健康的身体，精通一门乐器，掌握一项运动技能，有一项持久的爱好，培养一个终身受益的好习惯。

二、我们的课程架构

目前，学校已形成了"447"峰之趣课程体系，第一个4是指国家、地方、校本、家本四级课程，实现了国家课程校本化、地方课程整合化、校本课程精品化、家本课程体验化；第二个4为校本课程的四类，即以素养发展为主的艺体课程、以习惯养成为主的德育课程、以特长培养为主的社团课程和以实践体验为主的研修课程；7是指开发语文节、数学节、英语节、艺体节、科技节、生命节、读书节等学科节课程，贯穿全年始终。同时，我们把课程细化为日课程、周课程、月课程和学期课程，如每天一节体育课，每天一节20分钟练字课，每天五分钟演讲课程，每周半天选修走班课，每周一节阅读课，每周一节安全教育、应急演练课，每周低段一节生活自理课、中高段一节学法指导课,每学期至少6课时社会实践课,每学年七个学科节课程,每年九次节日主题活动(清明、端午、五一、六一、教师节、国庆、中秋、元旦、春节)。

三、我们的课程实施

在课程开发与实施的过程中,我们紧紧依托"三主体育人"策略,发挥教师、家长和学生的作用,开发师本、家本、生本课程。

(一) 教师是课程实施的主体

学校提出了教好一门课、带好一个班、开发一门课程的"1+1+1"工程,拓宽四类校本课程的实施路径。

一是以习惯养成为主的德育课程。主要以社会主义核心价值观为引领,构建《文明礼仪教育》课程体系,深入开展小公民教育活动。从学生最基本的礼仪教育出发,以学生身边的典型案例为切入点,引发学生思考,规范学生行为。课程中专门设置了"文明礼仪十二步走"评价专栏,采取自评、组评、师评、家长评的方式促进学生的行为养成。把每周一的升旗仪式打造成"升旗课程",使其成为学生行为习惯教育的重要途径,发挥各班学生的创意,展现班级风采,成为学生素养展示、班级凝聚力提升、德育教育引领等方面的平台。升旗仪式上国旗队出旗、升旗、学生宣誓、中队风采展示、教师传讲红色箴言、常规总结、金星少年以及星级班级表彰,等等,都增强了学生的自主管理意识和集体荣誉感。本着活动课程化的宗旨,为学生的自主管理搭建支点。为一年级新生设置"新生攀登足迹课程",通过学长帮带、趣味闯关和即时评价等形式,规范新生入学教育,确保新生尽快熟悉环境、了解老师、融入集体,为学生的登峰成长做好铺垫。本着"日行一善,积小善而成大德"的教育宗旨,开发"道德储蓄课程",建立班级、年级、学校三级道德储蓄银行,形成层级评价体系,为学生建立"道德储蓄卡",以"行为习惯和道德品质"为主要内容,以"奖励兑换"为手段,以"榜样教育"为途径,以"日积月累"为目的存储自己的道德发展历程。道德储蓄卡记录学生的文明行为,同时为所在班级团队储蓄积分,增强集体荣誉感,促使学生养成良好的行为习惯,从点滴积累的实际行动中体会道德的价值所在,将"日行一善"的种子根植于每一名学生心中。

二是以素养发展为主的人文课程。本着"育德、健体、促智"的宗旨，围绕打造艺体岳峰的目标开发艺体素养课程。如开发《小足球大世界》足球课程，既培养学生的规则意识，又培养学生的意志力和协同力；开发《少儿武术》《太极拳》《跆拳道》等课程，让学生体会到习武先做人；开发《棋如人生》三棋课程，引领学生三思后行、落地不悔；开发《快乐口风琴》《趣味葫芦丝》《快乐剧场》《趣味剪纸》《国画》《陶艺》《民乐》《书法》等课程，让学生体会到祖国传统文化对人的熏陶。

三是以特长培养为主的社团课程。为学生提供47项社团课程套餐，新增设STEM、创客实验、茶艺、陶艺、戏曲等课程，落实"快乐星期四"选课走班模式，实现了"提供最适合的、选择最喜欢的、争做最优秀的"目标定位。

四是以实践体验为主的研修课程。本着"生活即教育，社会即学校，自然即课堂，体验即成长"的原则，我们已经形成了三个层面的研修课程体系，一是以片区为单位组织开展的家本研修课程，如爱心课程、公益课程、环保课程、礼仪课程等；二是由学校在学期中组织开展的定时、定向、定学段校外体验课程，如参观蒙牛工厂，走进规划馆，体验科技馆，岱庙知传统，等等；三是以寒暑假为主由社会机构组织开展的社会研学课程，如曲阜毕业感恩，北京上海高校体验，红色之旅，等等。

假期对于学生、老师、家长三者而言都是一种"矛盾"！对于学生而言，最幸福的莫过于放假，在假期里能享受充分的自由，不用面对枯燥乏味的课程，可以尽情地感受自然的美好。而对于老师和家长而言，在希望孩子能够放松身心的同时，又担心孩子在假期出现知识淡忘、成绩下滑，因此肯定要布置假期作业，这些矛盾是客观存在的。如何实现两全，让学生过一个快乐、充实、有意义、有收获的假期呢？关键在于改变以往的作业形式，让作业引领孩子自主学习、自觉行动、合作成长。基于此，我们从2011年开始就尝试为学生设计"假期实践课程指南"，寒暑假各一套，力求实现作业的课程化，让假期作业有方向、有内容、有标准、有评价、有趣味，同时通过假期课程的系统化实现宣传文化、总结回顾、固学补救、拓展实践、养习立德、个性发展的目的。

（二）家长是课程实施的补充

学校遵循"依法办学、自主管理、民主监督、社会参与"的原则，构建现代学校制度，依托家长代表大会，打造"四级管理，区域联动"家校共同体模式，校级为引领，年级为组织，班级为核心，片区小组为主体，形成了"上下联动，组织有序，职责分明，覆盖整体"的家长管理网络体系。

我们充分发挥片区联谊小组的作用，探索开发家本课程，拓宽学生成长体验的空间。如五年级二班大河片区开发的"爱心课程"，他们组织孩子到儿童福利院看望脑瘫的小朋友，到贫困家庭慰问有困难的学生，让孩子们深刻体会到一种社会责任感。四年级三班五环片区开发了"社会公益体验课程"，在片区组长李思萱妈妈的组织下参加公益活动。在寒冷的冬日，孩子们不怕寒冷，在商场门口给群众分发环保塑料袋，呼吁人们拒绝一次性塑料袋，携手保护我们的地球。还有三年级一班的"走近环卫工"课程，孩子们在家长的带领下，凌晨到街道帮助环卫工人打扫卫生，体验环卫工人的辛苦，增强创建卫生城市的责任感。其他像救助白化病孩子，为贫困山区的孩子们捐赠图书，参加公益义卖，等等，孩子们在活动中懂得了爱与被爱的双重幸福，懂得了孝敬父母、帮助他人、爱护环境、关心社会。近年来，各片区共开发家本课程100余项，组织开展片区实践活动360余次。如"亲子快乐健身行动""21天习惯养成计划""书途同归读书会"等已经成为各片区的常态活动。

（三）学生是课程实施的目标

一是积极引领学生自主开发课程资源。如三年级杨子林同学针对自己的舞蹈特长，主动申报"舞林高手"社团课程，在她的带领下，已经有十几位同学组建了自己的社团，由此撬动了学生更长远的发展。

二是始终把体验作为学生成长的载体。本着"活动课程化，课程体验化"的宗旨，遵循月月有主题、周周有活动、天天有体验的原则，学校一以贯之地把体验课程作为学生发展的重要抓手，引领每位学生参与到各种富有教育意义的体验活动之中，在活动中努力培养学生的健康心态、公民意识、民族情怀和社会责任。自主管理体验课程，以少代会为依托，建立校级、年级、班级不同岗位责任制，实行值日班长轮流制和校长助理制。

班级日常管理重在学生参与，民主管理。通过实行值日班长轮流负责制，不仅增强了学生参与班级事务的主动性，更重要的是让每一名学生在管理体验中学会了服从、增强了自律。由大队委在各班选举产生一名校长助理，轮流值日，收集学生的建议和意见，维护办公区域的正常管理，和值日校长一起对大课间、升旗等集会，上学、放学的路队，各时段的卫生保持，课间主题活动的落实等进行检查，次日通过校园广播进行反馈。在岳峰，人人都是小干部，人人时时有事管，事事处处有人管。仪式体验课程，如开笔礼、成童礼等传统礼仪课程。跨学科整合课程，每年十一月份的采摘节，其实就是跨学科整合的主题课程：认识、了解柿子等是知识，能估柿子、摘柿子、画柿子、写柿子是技能，能享受整个过程并增长才干是目标，在整个过程中的表现是素养，达到了知和行的共进。

（四）评价是课程实施的关键

对学生的课程评价，我们采取"学分制"评价的方式，包括四项：一是学生学习该课程的学时总量，以考勤记录为准；二是学生在学习过程中的表现，如态度、积极性、参与状况等，按等级赋分；三是学生学习的成果，通过实践操作、汇报展示、考查考级、作品鉴定、竞赛评比等形式展示自己的学习成果；四是学生对学生的评价，对同伴参与课程的态度、与同伴合作的技巧等。学期末，学校通过"校本课程展示周"活动对各项课程进行阶段性考评。

课程是学校教育的核心，是实现教育目的和教育目标的有效载体。我们将牢牢把握课程的核心地位，努力为每一名学生提供最适合的教育，让每一个生命如峰般挺拔、壮美！

快乐四点半，把教育办到家长心坎上

为解决下午四点半放学部分家长无法按时接孩子或家中无人看管孩子的问题，学校响应上级有关政策，基于"三主体"育人策略，积极创建四点半学校，为学生提供丰富的四点半课程资源，确保孩子安全、有意义地度过将近两个小时的"管理真空"，真正把教育办到家长的心坎上。学校开展四点半学校，重点抓好以下几个方面。

一是科学规划，规范管理，确保四点半活动"有人"。

开展四点半学校的目的在于解决家长的后顾之忧，为学生营造温暖健康的环境，基于此，学校科学规划四点半活动的时间、场地、人员、课程，确保关注学生百分百。首先精心规划教师队伍，成立四点半活动领导小组和工作小组，由校长任组长，分管副校长任副组长，教科室、体卫艺办公室、教务处、德育处主要负责人为成员，并组建专业化的指导教师队伍，确保教育效果百分百。其次有效发挥家长资源优势，对学生的安全管理、作业辅导进行监控，实施陪学伴读工程，确保学生监控百分百。

二是课程引领，多元融合，确保四点半活动"有料"。

本着"提供最适合的，选择最喜欢的，争做最优秀的"宗旨，学校开发多元化的德育、创客、体育、艺术等课程套餐共47项，通过选课走班落实课程学习，以此促进学生品德、身心、审美、创新、技能等方面素养的提升。体质健康类课程包括校园足球、乒乓球、篮球、跆拳道、田径等。科技课程包括创客、机器人、3D打印、小科学家等。艺术素养课程包括合唱、葫芦丝、竹笛、素描、书法、水鼓、舞蹈等。学习实践类课程包括珠心算、趣味数学、课外辅导等。

三是评价跟进，典型培树，确保四点半活动"有效"！

在管理过程中，我们落实过程性评价，把四点半活动纳入教师工作量考核，并计入艺体组教师的作业量评价范畴。每个课程落实专项档案管理，从点名考勤，到活动记录，再到作业评价，均作为过程考评的依据。学校教科室专人进行评价，对教师的到位、授课情况等进行监控，确保活动的实效性。每学期末，学校通过四点半课程展示周、家长评教等方式对教师的授课情况进行评价，计入教师满意度测评。

学旅并举，以旅促学

2016年11月，教育部等11部门印发了《关于推进中小学生研学旅行的意见》，要求各地将研学旅行摆在更加重要的位置，推动研学旅行健康快速发展。基于此，学校以"立德树人"为根本，以"让每一个生命挺拔如峰"为核心，以培养"品体如岳，才智如峰"的岳峰少年为目标，以"学生、教师、家长"三主体育人为主线，提供最适合的教育，积极探索研学旅行的有效途径，引领每名学生攀登自己的高峰。

一、机制保障，确保研学旅行活动规范化

学校把研学旅行纳入学校教育课程计划，与综合实践活动课程统筹考虑，做到"活动有方案，行前有备案，应急有预案"。

一是建立民主管理机制。成立由学校为主导，家委会为主体的专项领导小组，形成研学旅行课程的规划和选择制度。

二是建立安全保障机制。为确保研学旅行活动的安全，学校始终遵循一个宗旨：人人参保、预防为先，行前教育、保障为主，专项预案、细节为重。

三是建立科学评价机制。每次研学活动根据具体内容制定研学评价表，放入学生的成长档案，以此强化示范引领和自评、互评等反思教育的作用。旅行之后的研学总结、评价等活动及时跟进，确保旅行和研学的延续性。

四是建立档案管理制度。对研学活动的工作实施方案，研学旅行会议

纪要，安全预案及报备材料，照片影像资料，总结评价材料等档案进行规范的管理。

二、资源开发，确保研学旅行活动课程化

本着"生活即教育，社会即学校，自然即课堂，体验即成长"的宗旨，学校立足原有片区实践活动的成功经验，把研学旅行和校本课程有机融合，形成了以实践体验为主的三级研学旅行课程体系，为学生提供了丰富的研学旅行课程资源，引领岳峰的每一名学生在人生旅程中边学边行、永攀高峰！

（一）以片区为单位组织开展的家本研修课程

学校依托家长代表大会，打造"四级管理，区域联动"家校共同体模式，形成"上下联动，组织有序，职责分明，覆盖整体"的家长管理网络体系。

我们充分发挥片区联谊小组的作用，探索开发家本课程，拓宽学生成长体验的空间。如五年级二班大河片区开发的"爱心课程"，他们组织孩子们到儿童福利院看望脑瘫的小朋友，到贫困家庭慰问有困难的学生，让孩子们深刻体会到一种社会责任感。四年级三班五环片区开发了"社会公益体验课程"，在片区组长李思萱妈妈的组织下参加公益活动。在寒冷的冬日，孩子们不怕寒冷，在商场门口给群众分发环保塑料袋，呼吁人们拒绝一次性塑料袋，携手保护我们的地球。还有三年级一班的"走近环卫工"课程，孩子们在家长的带领下，凌晨到街道帮助环卫工人打扫卫生，体验环卫工人的辛苦，增强创建卫生城市的责任感。其他像救助白化病孩子，为贫困山区的孩子们捐赠图书，参加公益义卖，等等，孩子们在活动中懂得了爱与被爱的双重幸福，懂得了孝敬父母、帮助他人、爱护环境、关心社会。近年来，各片区共开发家本课程100余项，组织开展片区实践活动360余次。节假日，走进红叶谷、九如山、湿地公园、体验农场、动物园，参加樱桃采摘、公益义卖、山林防火、文明劝导……这样的活动还有很多很多。丰富多彩的家本课程，不仅让孩子们增长了见识，拓宽了视野，更重要的是培养了他们的公民意识和环保意识，真正让他们走出校门，步入社会，有了一种别样的收获。

(二) 由学校组织开展的期中校外体验课程

学校发挥校外资源的作用，开展定时、定向、定学段的校外体验课程。如参观蒙牛工厂，走进规划馆，体验科技馆，岱庙知传统，啤酒生肖园，等等，成为每名学生在小学五年必须亲身体验的常态化课程。

本学期 12 月 13 日至 21 日，学校组织一至四年级学生开展了为期两周的研学之旅。一二年级学生到岱庙博物馆、皮影艺术研究院，开展以"穿越古今，一眼千年"为主题的传统文化研学活动，以此引导学生了解泰山文化，培养审美情趣和创造能力。三四年级学生到泰山啤酒生肖园开展以"液体面包生成记"为主题的科学探究研学活动，以此引导学生了解啤酒生产的过程，并在为泰山啤酒代言的过程中，培养创新意识和社会责任感。

(三) 由社会机构组织开展的假期社会研学课程

在家长委员会的积极发动下，通过公开招标，确定具有教育主管部门批准的相关资质的校外机构开展寒、暑假研学旅行课程，让学生真正走向社会、走进自然、体验成长、获取知识。名校研学游、红色体验之旅、公益亲子拓展、毕业感恩季等丰富的课程资源，实现了学生知和行的统一，促进了学生的价值取向、责任担当、实践能力、集体观念、生活技能等全面发展。如 2017 年 6 月，2012 级学生在毕业前夕，开展主题为"忆美好童年、惜同窗友情、思师长陪伴、品国学经典、筑梦想未来"毕业研学活动，通过参观邹城市孟府孟庙、邹城市博物馆、曲阜市三孔景区、孔子文化园等形式，进一步激发学生立志、立德、立行的决心，表达毕业生对母校和老师的感谢之情，具有深远的意义和价值。

三、基地助力，确保研学旅行活动长效化

用好社会资源，建好实践基地，是研学旅行活动开展的重要保障。学校有针对性地与校外机构合作，建立校外研学实践基地。目前，学校与泰安市科技馆、泰安市规划展览馆、泰安市心理学会、蒙牛集团、小白杨拓展基地、泰安市消防大队、泰山学院、瀛泰研学中心等 15 家企业场馆签订基地建设协议，一是"走出去"，定期组织学生开展实践体验活动，二是"请进来"，有针对性地邀请专家教授到学校进行科学创新、心理辅导、礼

让每一个生命挺拔如峰

仪教育、理想规划等。

教育是面向未来的事业，引导学生读好万卷书，行好万里路是每名教育工作者的职责。我们坚信：所有的成长到最后总是一次旅行。行走中的课堂，成长中的必需！在今后的研学旅行活动中，我们将努力为每一名学生提供最适合的教育，让每一个生命如峰般挺拔、壮美！

传统文化植入课程，让教育绽放光彩

文化是民族的血脉，是人民的精神家园，优秀的中华传统文化，是中华民族的精髓，是最深厚的文化软实力。我们不能再一味地去追寻文化缺失的原因，而应该去积极思索和探究如何再次将传统文化与学校的素质教育重新结合，使学校教育不仅成为真正的素质教育，更成为优秀传统文化的承接地。

岳峰小学从孩子的生命需求和成长点出发，从孩子的心理和精神需求出发，从传统的文化继承做起，去完成我们的教育，让教育回归本位。自2010年建校以来，学校就立足于泰山文化的传承，结合岳峰小学实际，挖掘教育基因，落实培养目标，形成了富有特色的幸福教育峰文化品牌。在此基础上，我们精心建构"四岳一馆"建筑格局和"五苑四路三场两壁一廊"景观特色，形成了系统的花园文化、道路文化、广场文化、墙壁文化和连廊文化。

根据《国家十一五时期文化发展规划纲要》的要求，我校高度重视传统文化教育和传统经典、技艺的传承，我们突破传统课程的实施方式，立足实际，立足学生需求，进行课程整合，构建传统文化课程体系，拓展传统文化资源，为学生提供了更多接触、体验优秀传统文化的机会，整体、系统、规范、有序、常态、深入地落实优秀传统文化教育。

一、课程整合，让优秀传统文化落地生根

我们根据学校"让每一个生命挺拔如峰"的特色定位，将优秀传统文

让每一个生命挺拔如峰

化整合到课程中，分学段将中华优秀传统文化融入国家课程，主要与语文、数学、美术、音乐、品德、综合性实践活动相整合，使之制度化、规范化。

1. 整合点之经典诵读。我们充分挖掘语文教材和传统经典文化，参考区教研室下发的"必背古诗"，编写岳峰小学国学读本系列教材，利用每天的晨诵时间开展经典诵读，让孩子们在优秀传统文化的熏陶中逐渐养成良好的行为习惯、质朴的道德操守、高雅的审美情趣。

2. 整合点之体育课程。为不断增强学生体质，学校每天安排一节体育课。体育课形式丰富多样，动静结合，围棋、武术、足球、跆拳道等，将传统文化与体育课有机结合。围棋课上，学生学习棋史、棋品、棋道，体验"得好友、得人和、得教训"；武术课上，了解中国武术的起源和发展，学会基本的武术套路；足球课上，了解足球发展的历史，培养对足球的热爱，培养勤学苦练、自律守规的传统美德。

3. 整合点之传统节日课程。学校重视传统节日和礼仪等非物质文化遗产的保护，将传统节日课程与品德课程相融合，精选"春节""端午节""清明节""中秋节"四个富有文化内涵的传统节日，每年开展一次主题活动，让学生了解传统节日、喜欢传统节日，主动传承民族美德。

二、立足特色，积极构建优秀传统文化课程体系

在课程开发与实施的过程中，我们把泰山作为独特的课程，紧紧依托"三主体育人"策略，发挥教师、家长和学生的作用，开发师本、家本、生本课程，并形成了"447"课程体系。

一是以素养发展为主的传统文化课程。本着"育德、健体、促智"的宗旨，围绕打造艺体岳峰的目标开发艺体素养课程。如开发《小足球大世界》足球课程，既培养学生的规则意识，又培养学生的意志力和协同力；开发《少儿武术》《太极拳》《跆拳道》等课程，让学生体会到习武先做人；开发《棋如人生》三棋课程，引领学生三思后行、落地不悔；开发《快乐口风琴》《趣味葫芦丝》《快乐剧场》《趣味剪纸》《国画》《陶艺》《民乐》《书法》等课程，让学生体会到祖国传统文化对人的熏陶。以《泰山奇石》课程为载体，引导学生了解泰山奇石文化概况，从而了解泰

山文化，提升学生的综合理解能力和解决问题的能力；在了解泰山石文化的过程中，体会敢当精神，激发责任感和创造力。

二是以特长培养为主的传统文化社团课程。为学生提供47项社团课程套餐，其中与传统文化相关的课程就有十余个。学校老师根据自己特长和爱好开发的书法、茶艺、陶艺、太极拳、国画、笛子、葫芦丝、经典诵读等传统文化社团，吸引着学生的参与热情，激发了学生对传统文化的热爱。学校落实"快乐星期四"选课走班模式，实现了"提供最适合的、选择最喜欢的、争做最优秀的"目标定位。我校《快乐剧场》社团以表演传统文化故事为社团特色，连续三年荣获泰安市故事力大赛一等奖，《快乐王子》荣获山东省校园艺术展演一等奖。

三、重视体验，让优秀传统文化"活"起来

教育需要借用各种力量，通过社会助力，将中华优秀传统文化的精神追求渗透到社会生活的各个领域，真正化外为内，让人们把心灵之根深深扎在中华优秀传统文化的沃土上，让中华优秀传统文化在每个人的生命中真正重生。

中国传统文化的传承时有多种方法。除了最原始的讲授，还应当有"体验"。传统文化如果像传统的教学模式那样，只是干巴巴地讲，势必没有什么太大的效果，不如来点不一样的。

为此，我们着力发掘距离学生更近、让学生更感亲切的地域性特色化传统文化资源，让中华优秀传统文化鲜活地绽放出乡土色彩，让中华优秀传统文化传递出强大的本源力。据此，我们开发了许多相关的主题活动课程，以校内外综合实践活动、研究性学习、游学等方式进行，深爱学生们喜欢。我们一起走进泰安美术馆进行研学，了解起源于中国宋代的拓印艺术，激发学生对古代艺术的热爱；岱庙研学之旅，我们观看泰山皮影戏，让学生对泰山文化有了更深入的认识，从而产生了身为泰安人的自豪感。毕业游学，我们到达过曲阜孔庙、枣庄台儿庄，促进学生学以致用，知行合一。

无论是哪种形式的体验，都会寓教于乐，学生们乐中学，学中乐，在轻松愉悦的氛围中体会中国的传统文化，耳濡目染地感受着传统文化的独特魅力。

基于目标教学的学习共同体实践

作为一所年轻的学校，我们有着新学校的优势，也面临着新学校的困惑：建校时间短，底蕴不足；教师年轻化，经验不足；地处城乡接合处，家庭教育不均衡；学生自信心欠缺，习惯养成不到位，等等。基于此，我们提出了习惯为基，课堂为渠，主体共生；以学为本，以教促学，以研兴教的发展思路。

一、我们的思考

张志勇厅长在《从深度学习走向核心素养》的报告中指出：什么是深度学习？就是现实世界中创造和运用新的知识。所谓核心素养，就是我们学校教育应该给我们这个国家未来的公民所准备的，应对未来复杂社会的必备的品格、关键的品格和必备的能力。"核心素养"是最终目标，而"深度学习"是实现目标的路径。

核心素养的提出，是对学校教育的一次挑战和变革。核心素养在学校如何落地？我们有五点思考：一是核心素养要解决的是学校教育应该培养什么样的人的问题，也就是要培养全面发展的人！二是学科核心素养是学生发展核心素养落地的着力点，而课堂正是培育学生核心素养的主阵地。三是未来的学校是一种"超越学校的学校"。从根本上来说，承担起学生的学习与发展的，不是每一位教师，而是整个教师团队；不是每一间教室，而是整所学校；不是每一所学校，而是整个社会文化。四是核心素养落地，从"学会学习"开始。学习是学生人权的中心内容，是希望的火种，只要我们能让学生真正燃起对学习的希望，那么学生的成绩一定不会差。五是"课程整合"是培养"核心素养"的关键！

二、我们的理念

基于此，我们提出了"13346"理念。

一个核心：围绕"让每一个生命挺拔如峰"的核心目标，我们确定了德、智、体、美、劳、群六个方面的育人体系。"每一个""挺拔"作为学校教育的关键词，体现了尊重每一个、关注每一个、发展每一个的教育目标。

三个人人：即人人皆可教、人人可成才、人人能登峰，充分彰显了学校有教无类、因材施教的教育观，人人皆可为尧舜的发展观，以及负势竞上，千百成峰的个性观。

三个关键：即课堂教学改革的三个关键词——愉悦、灵动、共赢。愉悦是检验课堂效益的重要标准，灵动是确保课堂生成的重要载体，共赢是课堂教学实施的重要目的。通过学习共同体模式，让"协作—倾听—串联—回归"成为课堂的主链，以此撬动教与学的翻转，以学导学，以学助学，从学到学，学贯始终。

四个关系：即教与学的关系、课堂与课程的关系、教师与家长的关系、活动与评价的关系。力求通过学习共同体建设实现教与学的翻转，探究深度学习的策略，彰显学本课堂特色。课程是学校教育的核心，课堂是课程实施的载体。课程的实施、课堂的转型，关键在于教师。教师和家长在发展学生的同时，自身也是生命的发展者。活动是教育的助推器，评价是教育的催化剂。缺少活动的教育是没有生命力的，离开评价的教育也是走不远的。

六个目标：即实现"六力、六会"培养目标，培养学生的人格力、学习力、意志力、尚美力、创新力、合作力，引领学生学会做人、学会求知、学会健体、学会审美、学会创造、学会交际。

三、我们的行动

围绕教学改革的整体规划，学校坚持"思想为先、习惯为基、教研为渠、评价为泵、信息为翼",助推学生素养的全面发展。

1. 思想引领行动

日本教育学家佐藤学教授指出:"让教室里的学习成为每个学生都能得到尊重、每个学生都能放心地打开自己的心扉、每个学生的差异都得到关注的学习。"我们力求以学习共同体建设为载体,走向深度学习的目标教学。

杜威曾说:我们可以把马牵到河边,却不能按着马的头让它喝水!为此,我们的课堂观是:学习必须成为孩子自己的事,学习必须发生在孩子身上,学习必须按照孩子的方式进行,学习必须真实深度发生。基于此,我们提出,打造岳峰理念课堂,要体现三个关键词:愉悦、灵动、共赢。

学习成立的三个条件,"相互倾听"为基础,"核心问题"为支点,"协同学习"为载体。建立相互倾听的关系,设计核心问题(挑战性课题),实现真正的学习。

基于此,我们倡导"愉悦、灵动、共赢"的理念课堂,让学习真实深度发生是课堂改革的方向与标尺,积极探索学习共同体的学习形态。我们从提升教师的理论水平与专业素养入手,全体教师共读了佐藤学教授的三本专著,40余人次到课改先进校交流学习;从改变学生的座次做起,课改班级改插秧式为U形座次,方便师生间的交流与碰撞;从培养孩子的倾听能力做起,营造安全、安静、安定的学习氛围;从设置核心问题、有挑战性的问题入手,强化集体备课、积慧式研修;从便于协同学习入手,在低段实行对学,在高段实行四人组学习,不同课堂可实行分科走位;从培养孩子敢于求助的勇气开始,让孩子敢于说出"我不会,请你帮帮我"。"安静倾听,悄悄交流,敢于求助,自由表达",以"倾听、串联、回归"为特征的学习共同体形态初步形成。

学习共同体,是指学习社群(Learning community),其活动系统包括三个维度:课堂里的学生"活动式、合作式、反思式"的学习共同体;学校里的教师"备课、说课、观课、议课、评课"的研修共同体;学校与家长、社区间共同参与教学设计的教育共同体。三维合一,体现公共性、民主性、卓越性的哲学思维。

近年来,我们力求在改变中追寻理想而真实的课堂。

一是改变教育视角。"学习共同体"是一场静悄悄的革命。这是一场观念的革命，一场心灵的革命。它不是对传统课堂的修修补补，而是对传统教学的颠覆性改革。它让我们用一种全新的视角来看教育。在这样的颠覆中，我们更新了自己的教育观、课堂观、师生观。

二是改变学习空间。课桌椅由统一的秧田式排列改变为低年段U字型、高年段四人一组的方式，构建以"倾听关系"为基础的协同学习关系。

三是改变学习时间。课堂上学生学习、思考、讨论、实践的时间应超过50%，引发学生充分地深度思考，减少碎片化学习，让每一个学生自由自在、有个性地参与教学。

四是改变学习氛围。由热闹的、过度发表的课堂氛围变为安静、润泽的课堂氛围，学生遇到困难可以安心、安定地请教同伴，可以勇敢地说出自己的困难。

五是改变教研方式。课堂改变了，教师原有的备课、观课、议课系统也要发生根本的改变，听课教师成了课堂上的观察员，细腻地观察并记录每一个学生学习的画面和事件。

共同体课堂的"三个对话"：学习是与自我的对话、学习是与他人的对话、学习是与客观世界（文本）的对话。学习不是给出答案，而是充分对话；互惠学习不是互教，而是互相倾听，获得学习的快乐。

共同体课堂的"四个策略"："倾听"是"学习共同体"的交往基础，倾听远比发言更重要，倾听有三个层次，即目光注视，启发思考，梳理总结；"互助"是"学习共同体"的学习形态，建立平等对话的关系，勇敢说出我不会；"串联"是教师的核心工作，处理教材与教材的连接关系，处理教材与学生学习经验的连接关系，处理学生经验与学生经验之间的关系；"回归"是当学生学习发生困难时，让他们回到前一次讨论的内容，精熟前一段的经验重新再出发。

共同体课堂的"六个要素"，即认真倾听、悄悄对话、互学互教、轻声交流、串联梳理、跳跃学习。

认真倾听——学习共同体的课堂倾听重于表达。首先是教师要认真倾听学生的表达，并分析学生发言与文本内容或其他同学发言或自身经验之间的联系，并予以串联（关联）后回归到知识。其次是学生相互间的倾听，包括小组内或同桌间的相互倾听和全班对同学发言的倾听，理解对方的表达内容，思考其对自己的启迪，进而为对话沟通奠定基础。

悄悄对话——在学习小组（或同桌两人）中轻声细语地讨论交流，悄悄对话，更能吸引对方倾听的注意力，引发对方的思考，从而产生真正的学习。这也包括教师在小组学生讨论时认真倾听之后悄悄地与之交流或启迪。

互学互教——课堂中学生间的悄悄对话是进行互学互教的活动，对话的形式可以先是各自表达对教师提出问题的思考，再是学困生主动向同桌学优生求教，如"这个问题我不懂，请你教我"或"这个问题应该怎么理解，请你说说"等，而后是学优生指导学困生。也可以是同桌配合，两人各自表达后相互质疑、解疑甚至追问，从而使学习走向深化，对问题的理解更加深入。这个过程是学生间互惠的学习过程，也是学生间构成平等关系的过程，改变了传统合作中学优生单纯教学困生的弊端，体现了"协同学习"的真谛。

轻声交流——协同学习的交流强调同桌合作进行交流，即一组同桌两位同学一起站起来轻声表达。一位同学表达，另一位同学或补充，或纠正，或拓展，或生疑，或评价。教师应就近倾听，相机与文本内容进行联系，其他同学也应认真倾听。而后其他组同桌或若干组同桌相继轻声表达，交流各自看法与感受，教师也相机对他们表达的内容进行关联。

串联梳理——这是协同学习后的一次提升，即教师在各组交流后，对发言内容进行串联式梳理，但梳理的指向首先是尊重差异（即梳理各组发言的不同点），而后是回归学科知识点的共识，即趋同存异，和而不同，而不是一味地求同，导致"同而不和"。这种串联梳理也可以在老师的启发引领下学生共同完成，以利于调动全体学生的学习积极性。

跳跃学习——这是协同学习后的第二次提升，即教师至少要有三分之一的时间，在文本学习的基础上，提供超越文本但又处于学习最近发展区且又与文本有一定联系的内容进行拓展延伸，对学生形成挑战，并引领学生在应对挑战中既享受学习成功的愉悦，又在认知上获得一次"跳一跳摘果子"的锻炼。

学习单——学习设计的具体载体。通过系统化设计预习单、学习单、作业单，实现了学生学习的层次化、梯度性。

2. 习惯固基行动

我们分年级编制"核心素养发展周任务单"，实施"好习惯21天养成计划"，为一年级新生设置"新生通行证"，通过学长帮带、趣味闯关和即时评价等形式，规范新生入学教育。

3. 教研跟进行动

我们努力构建基于同伴互助的教师共同体建设，主动教研自觉成长的氛围日趋浓厚。

一是搭建"学习思考"的平台——"学习内化"与"实践探索"有机融合。如读书成长，研读《静悄悄的革命》《学校的挑战——创建学习共同体》《教师花传书》《跟随佐藤学做教育——学习共同体的愿景与行动》等图书，在反思中指导行动，不断探索学习共同体框架下的课堂教学新路子。外出学习，每学期安排40多人次赴福建、浙江、北京、上海参加学习共同体研讨活动，上示范课，交流心得，引领同伴。专家引领，先后邀请福州教育学院四附小林莘校长、浙江心湖小学章宏艳校长、上海学习共同体研究院陈静静博士、台湾新北市秀山小学张郁婕老师等专家到学校指导课堂改革，切实引领了学校改革的方向。

二是搭建"同心协力"的平台——"大教研"和"小教研"相辅相成。

大教研方面，以无课日大教研活动为载体，落实集慧式研究，开展主题式的校本教研活动，通过把握文本"定框架"、深研课例"促落地"、任务分配"成合力"、活动跟进"求提升"四部曲，把教研中心下移，切实提升教师文本把握和教学设计能力。

小教研活动，主要是在同学段备课组内开展，针对课堂精准教研。先夯实集体备课，再由主备人上研究课，然后其他成员再进行复备完善，在观评课之后改进自己的教学设计，在这种即时性教研中，促进教师间互学共进，均衡高位提升。

三是搭建"展示交流"的平台——"今日有约"与"相聚岳峰"齐头并进。

"今日有约",实现了由"推门听课"向"开门晒课"的自然转变。"开门晒课"成为一种常态,开放自己的课堂成为一种自觉的行动。在岳峰,"天天都是开放日",家长驻校成为自然而然的风景。这种机制的建立,让同伴之间的协同发展更有效,让不约而至的教研悄然落地。

"相聚岳峰",实现了"论坛分享"与"智慧碰撞"双管齐下。以"相聚岳峰"研讨交流活动为载体,邀请省内外联盟学校莅临学校交流研讨,目前已经举行三届。

4. 登峰评价行动

遵循"发现学生闪光点,评价激励促发展"的原则,实施"登峰卡"激励式评价和登峰争章工程(即基础章、发展章、特色章),设立"峰之翼红领巾自助超市",实行荣誉申请和奖励兑换机制,增强评价的延续性,努力引领每名学生"攀登自己的高峰"。

5. 信息助力工程

学校以信息化应用为切入点,积极探索微课程在课堂教学的应用,初步形成了"三段十环"翻转课堂教学形态,把课前、课中、课后三部曲,教学过程十环节作为实施信息化教学的步骤,把"微课助学、微课互学、微课补学"作为学生自主学习、合作探究的抓手,翻转课堂研究初见成效。

我们坚持一件事情,并不是因为这样做了会有效果,而是坚信这样做是对的。脚步向哪里迈,我们就会走向哪里。

从小组学习到学习共同体的若干细节思考

1. 从固定小组到分科走位。小组作为一个学习组织，其凝聚组员的最大公约数是团队的共同需求。需求相同，目标才可能一致。

传统的小组一般都是教师基于差异而确定的一直固定不变的小组，按学习习惯、成绩分为 ABCD 四人小组，并有固定的组长、纪律检查员等，长此以往会出现审美疲劳，会产生学习观点的同质化现象，甚至会出现同组同学间因差异而产生隔阂与矛盾。小组成员围坐在一起，却没有真正地合作与协同。小组到底因何而建？一定是因需要而建，学生基于共同的需求而走到一起，那么，这个小组就是一个"自组织"。我建议的做法是分科走位，在教师的指导下，尝试不同学科由学生根据学习习惯、性格爱好、成绩差异自由搭配，定期轮换分组方式，性相近，习则成。从同桌合作开始培养，习惯了以后，再过渡到四五个人、五六个人的小组合作。

2. 有效合作学习的前提是思考。课堂上，老师分配任务以后，往往即刻让同学们分组讨论交流，然后即刻展示，共同提高进步的效果往往不尽如人意，话语权总是在强势孩子那边。有效的小组合作学习，应设置几个前提条件：第一，老师要选择适合合作学习的内容，在合作前，每位同学对合作学习的内容要有起码的阅读了解；第二，在合作前，先让学生有自主的独立思考，尽可能要有自己的见解与主张；第三，教师要提出核心问题或挑战性问题，激发学生合作的需求；第四，让组内相对弱者先发言，其他同学补充提升。

3. 有效合作学习的关键是先学会倾听，再善于表达。也许我们太过于重视学生的表达了,太在乎学生说了什么,以至于学生为了表达观点都会高高地举起小手,争先恐后。但是,你发现了吗?不少学生已经习惯于不去倾听别人说了什么,而是只关注自己要表达什么。这就需要培养学生倾听他人的意识、能力和习惯。像语文,就特别要求学生在其他同学朗读时,听重音、停顿、咬字准不准,是不是多了字、漏了字,都要认认真真。倾听是一种美德,更是一种重要的学习方式。说之前重要的是听,只有听清楚别人说了什么,说得是否完整,是否准确,才能有针对性地给出回应。

4. 有效合作学习要让孩子敢于求助。课堂是允许出错的地方,是发现问题、解决问题的地方,而非展示正确的地方。人是在遇到挫折、困难和错误中成长的,学习也一样。从说出会的到说出不会的,意味着教学理念的跃升。我们要鼓励孩子敢于说出"我不会""请你帮帮我",要充分尊重弱者,提倡"弱者"先说,爱表达、爱说话的学生再做概括或者总结。学生发言以小组而非个人为出发点,小组代表发言的第一句话应该是"我们小组……"这是我们的规则。我们崇尚因解决实际问题而不完美的常态课,杜绝华而不实没有问题的展示课。

5. 学习共同体是有效合作学习的载体。

6. 学习共同体的学习方式是"协同学习",是当今世界中小学课堂教学的基本方式,比之"竞争性学习",无论在问题解决、人际关系、心智健康方面,都更胜一筹。

7. 在学习共同体中,多样的思维方式可能会产生新碰撞,从而构成多元的、重层的"最近发展区"。

8. 三人行,必有我师。学习共同体使学习成为一种从"倾听同伴的声音"出发,展开对话、讨论、构建知识的过程,而不仅仅是听讲。

9. 学习共同体是保障每一个学生学习权利的最有效方法,最大的受益者是优等生,他们在教会其他学生的过程中,思路重新进行梳理、修改,深化了理解,促进了学习;同时使得低学力的学生发挥"被主动性",促使他们挑战更高难度的学习机会。

10. 学习共同体组建的前提。组建学习共同体有三个前提条件必须解决,第一是合理分组,组内异质,但绝不能差距过大,组内人数宜在2—

4，多则乱，少则无宜，组间同质，便于比较，利于竞争；第二是让每一个学生都养成自主学习的习惯；第三是最本质的前提条件，把教学内容转化成两种问题，一种是基础性、简单的问题，是所有学生在课堂上就能懂的，另一种是挑战性的问题，是一个学生解决不了，但是通过小组讨论，可以一起将其解决的。

11. 学习共同体高效学习建议。一是必须有适合各成员参与的任务，目标要明确，任务要具体，难度要适当略高。二是要制定共同体成员合作的规则，成员间有分工，问题有层次，展示有要求，避免由教师一言堂转换为优生一言堂。三是制定科学有效的考核和评价机制，调动每一名成员的积极性和内在动力。四是要有足够的时间保证，交流要充分。五是要通过展示来体现小组合作成果。

营造动静结合、相得益彰的成长氛围

营造动静结合的学校氛围，需要每一个生命体的共同参与！教师先行示范，学生主动自觉，家长理解配合；思想意识到位，监督奖惩到位，文化设施到位。

一是为什么改？喧嚣糟乱的环境让人浮躁，不安，冲动，易怒。为了真实学习，深入思考，静以修心，静以修为。

二是改什么？动，在课堂上体现为"灵动"，即思维活跃，互助主动，分享充分，脑洞大开；在室外体现为锻炼积极，活泼开朗，生龙活虎。避免的是喧哗吵闹，浮躁动怒。

静能生慧，宁静致远。入室即静，入座即学；在课堂上体现为静静地读书（每天早到校后默读，不影响他人）；在对学或组学过程中讨论交流轻声，不打扰其他组；静下来独立深度思考，真实学习；"四人、五不、十轻"；安静的课堂，让学习真正发生。

学习共同体的课堂是"静悄悄"的革命，学生讨论不是闹哄哄的，而是有说有问有教有思考的共同交流。每一位参与学习共同体的孩子都可以真正在学习中立足自己的角色，虽有时不能在班级的大集体里进行分享，但在小组里的交流互动也是孩子们很好的学习和成长过程，因为他们面对的是自己的伙伴，内心是安静的，更是安全的。这样的学习过程才可以让孩子真的有所学，有所悟，有所得。

教师思想意识要到位，达成营造静以修心、修为氛围的共识；要有意降低分贝，抑扬顿挫而非声嘶力竭，避免吼叫；学会利用眼神、手势等肢体语言提醒孩子；示范安静读书、工作的样子；建构监督评价奖惩机制。

有时老师很卖力，讲得很精彩，结果却不尽如人意，不如试试放手让孩子们去学，回到文本中，回到同伴互助中，回到再思考中。

设计核心问题，引发学生思考。老师从备课开始就要转变观念，设计核心问题，课堂上适时、适当地引导。重要的是让孩子学会怎么问问题，怎么补充，怎么回答，怎么交流，这需要一个漫长的过程，不能急于求成。不管漫长的路途坎坷与否，只要先踏出这一步，就离成功近了一步。

老师也要学会倾听，耐心地等待孩子把话说完。《坐井观天》一文快学完时，语文老师让学生们展开想象的翅膀，以"青蛙跳出了井口"为题说几句话。同学们一个接一个地讲着，内容不是"外面的世界很精彩"便是"青蛙真正感到了自己见识少"。这时，一个同学说："青蛙从井里跳出来，到外面看了看，觉得还是井里好，又跳回井里。"话音刚落，同学们便捧腹大笑。老师还算幽默，也随口说道："我看你是一只青蛙，坐井观天。"在写话时，这个同学坚持了自己的想法，他写道：青蛙跳出井后，来到一条河边，想喝水，突然听到旁边老青蛙警告道："不要喝，水里有毒！"青蛙一看，可不是吗？水里漂满了死鱼。紧接着，青蛙又听到了老青蛙被人用钢叉刺死的惨叫声。语文老师的心被震撼了：让青蛙跳回井里又有什么不好呢？于是，老师提笔在作文本上写道："对不起，老师才是一只青蛙。"

老师难以示范倾听，老师一直占有绝对的话语权（用学习任务引领，而不是用话语牵引）。

难以不折不扣地接纳学生，无法容忍学生的错误，容易对学生作出不同的评价（学生的错误是重要的学习资源，必须接纳和反刍）。

用一种眼光来看学生，以学生成绩固化对学生的认识，对弱势学生缺乏信任（学困生的逆袭总在发生）。

顺着学生的视线看过去，你会发现另一番风景。放下教的念头，避免以讲代学，给孩子适当思考与交流的时间。如抛出一个问题，什么时间回答或展示？问题是否有挑战性？是独立思考还是合作探究？是从文本中挖掘还是拓展思维？避免自问自答，问后即答，优生抢答。总之，与学生一起经历学习的整个过程，你会发现其实一切远非想象的那样。教师要修行，直到抛弃教的执念。放下才能有机会拿起，放不下拿不起最危险。

学生要学会倾听（需要长期培养），倾听是重要的学习品质；学会交流而不是争吵，有理不在声高；学会帮助，帮助应该是无痕的，用别人能接受的方式去帮助，能教会别人是已经掌握学习的最好证明；学会求助，不懂装懂或轻易放弃未知的东西是最糟糕的学习行为；学会欣赏。

家长提供安静稳定的家庭环境是孩子健康成长的基本保证；帮助孩子学会独立专注地完成学习任务（作业，阅读，拼装玩具等）；支持老师任何善意的变革；冷静地处理孩子与他人的矛盾纠纷。

环境要有足够适合的图书（纸质与电子）；温馨恰当的提示语；让人心静的游戏活动器具，三棋、益智、书法、迷宫格等；音乐铃声；脾气节奏。

三是怎么改？

搭建机制：建一支监管员队伍，一套评价奖惩措施，一套每日常规流程，一份静待花开的心态。

峰之翼——登峰评价篇

翼,翅也。人生如登峰!每一个生命都是一个奇迹,人人不同,人人都好!每一个生命都是一个旅程,作为教师和家长,要相信每一朵花都是独特的,静等花开;要相信每一棵小树都能成材,悉心呵护;要相信每一个孩子都有闪光点,都有与众不同的地方;要相信数子十过,不如赞子一长。实施登峰评价,努力为每一位学生插上成长的翅膀。

泰山文化助力，实施赏识激励的登峰评价

古语曰："数子十过，不如赞子一长。"因此，我们要用赏识的眼光从多个角度去发现孩子的闪光点，让每个孩子都能体会到成功的喜悦，只有这样才能培养孩子的自信心，激发他们的内驱力，为他们的成长催生翅膀。

美国发展心理学家霍华德·加德纳教授在《心智的结构》一书中提出，人类至少存在语言智能、数理逻辑智能、空间智能、身体运动智能、音乐智能、人际交往智能、自我认识智能等多种不同的智能。作为发展中的人——学生的智能也是多元化的。与此对应，教育教学的评价方式当然也必须是多元的。这正是新教育关注生命发展、尊重个性差异和学生终生需求的体现。

基于此，在学生成长上，我们力求通过评价催生两个翅膀，一是自我发展取向的翅膀，让学生找准成长的方向；二是自我发展空间的翅膀，让学生树立成长的自信，以此带动学生的全面、可持续发展。我们在登峰评价方面的所思、所想、所行如下。

一、以人为本，赏识为基，全面做好顶层规划的针对性

如何让评价成为撬动学生成长的杠杆？我们曾经采取过诸多尝试，如班级星光擂台，采取小红旗、小星星等评价形式，也在小组内实行过捆绑式的评价方式；每学期还评选过校园三十佳学生、十好标兵，等等。我们边实践边总结，认真分析了评价中存在的问题，主要就是缺少针对性、系

统性、延续性和可操作性，导致评价的效力大打折扣。

为此，针对小学教育的目标，我们认为：评价的目的就在于激励学生养成良好的习惯，评价不能单纯地局限于课堂，课上课下、校内校外、方方面面都应该有评价，教师、家长、学生，人人都应该是评价者，只有真正让评价触动学生心灵深处，我们才能通过评价手段对学生进行引领和教育。

基于此，我们对学校的评价方式进行了全方位的顶层设计，以此提升评价的实效性、整体性。

实施之前，我们重点做好了三个方面的工作。

一是思想引领，主要是评价者（教师）思想意识的引导。学校为每位教师配备了周宏老师的《赏识教育》，通过交流读书心得，让老师们把赏识意识扎根在心中。我们这一做法的出发点是：学生是有差异的，作为老师首先要承认这种差异，尊重这种差异！没有赏识就没有教育，只有发现学生的闪光点，把它放大，才能激发学生的内驱力，让学生主动地、自信地去学习、进步！

二是营造氛围。我们首先把课堂作为评价的主渠道，提出了打造绿色课堂的要求，让赏识、愉悦、激励在课堂上得以呈现。因为对小学生来说没有好坏之分，只有最近发展区的不同，正所谓：人人不同，人人都好。

三是顶层规划。我们专门制定了《学校登峰评价实施方案》，对学生各个方面的习惯养成标准进行了具体的规定，把评价的针对性和习惯养成的标准有机结合起来，以此作为教师评价、家长评价和学生自我评价的有效抓手。

二、抓住支点，全员参与，努力提升登峰评价的实效性

在学生培养过程中，我们围绕学校的育人目标，秉承"人人皆可教，人人可成才，人人能登峰"的育人理念，在承认学生差异的基础上，尊重学生之间的差异，多表扬、多鼓励，力求做到对待学生的闪光点用"放大镜"，对待学生的问题用"望远镜"。因此，我们遵循"发现学生闪光点，评价激励促发展"的宗旨，积极推行"登峰卡"激励式评价，形成了"卡章杯，两档案"登峰评价体系。

让每一个生命挺拔如峰

"卡章杯"登峰评价体系分为三层三级，三层即由"卡"到"章"到"杯"的递进式发展阶段；三级为"登峰卡"评价的三个过程，即基础卡、登峰银卡、登峰金卡。

（一）登峰卡：举目望岳，登高必自

登峰卡即基础卡，按照德、智、体、美、劳、群六方面的培养目标进行设计，分为峰之德、峰之智、峰之体、峰之美、峰之劳、峰之群六类基础卡。

峰之德卡——厚德载物：有道德、有理想、有爱心。通过道德银行体验活动，促进学生良好行为品质的形成。设置峰之德道德银行和峰之翼红领巾自助超市，实行奖励兑换机制。

峰之智卡——登高必自：有文化、有能力、有底蕴。结合学校读书活动和班级学生管理采取的小组捆绑式评价办法，由班主任和语文、数学、英语、品德、科学等学科教师进行发放。

峰之体卡——身心双健：好心态、好身体、好习惯。由班主任、体育教师根据学生平时在体育锻炼、习惯养成等方面的表现，适时进行评价。

峰之美卡——趣味盎然：有活力、有气质、有潜能。由班主任、任课教师根据学生平时在社团活动、才艺展示、艺体节等活动中的表现，适时进行评价。

峰之劳卡——躬身践行：有智慧、有个性、有担当。由班主任或任课教师根据班级绿色银行及学生平时在创新大赛、科技制作等活动中的表现，适时进行评价。

峰之群卡——合作共赢：高情商、肯合作、会交际。由任课教师根据课堂教学中学习共同体的落实情况，针对学生的协同学习状态进行评价，实现学生真实、深度学习。

（二）登峰银卡：起步一天，志在高远

登峰银卡为六颗星，学生在德、智、体、美、劳、群等方面表现突出，积得3张登峰卡，即可获得一张"登峰银卡"，由班主任负责颁发。

在市级各项比赛中获得二等奖、区级各项比赛活动中获得一等奖的同学，由班主任直接颁发登峰银卡一张并进行登记。

（三）登峰金卡：负势中天，前景无限

登峰金卡为 12 颗星，积得 2 张登峰银卡，即可获得一张"登峰金卡"，登峰金卡由包年级老师负责颁发并进行登记。

在省级各项比赛中获得二等奖、市级各项比赛活动中获得一等奖的同学，由包年级老师直接颁发登峰金卡一张并进行登记。

（四）登峰少年奖章：上道南天，一往无前

学生积得 3 张登峰金卡，即可到校长室兑换一枚"登峰少年奖章"，获得一张由校长签发的登峰少年奖章证书并进行登记。

在国家级各项比赛中获得二等奖、省级各项比赛活动中获得一等奖的同学，由校长直接颁发登峰奖章证书并进行登记。

（五）岳峰少年奖杯：会当凌绝顶，一览众山小

每学年度积得 8 张登峰少年奖章证书、在期末考试中各科成绩均在优秀等级的同学被评为"岳峰少年"，学校隆重举行表彰大会，家长和学生共走红地毯领取奖杯。在国家级各项比赛中获得一等奖，直接被评为"岳峰少年"。

为了加大对学生的评价激励作用，学校开辟"星光大道"专栏，一是在连廊一层建立"星光大道"，对岳峰少年奖杯获得者进行风采展示，营造榜样引领的氛围；二是每学年末隆重举行颁奖典礼，让学生和家长共同走上"星光大道"红地毯领取奖杯。

评价的系统化、多元化，让每个学生都体验成功和进步的喜悦，引领更多的同学向"岳峰少年"的标准努力。

泰山文化博大精深，泰山精神催人奋进，作为泰山儿女，泰山是我们的文化之源，泰山是我们的精神信仰，未来之路，我们将继续秉承"山高人为峰"的思想，努力传承泰山文化的基因，让每一个生命如泰山般挺拔、壮美。

又到评语撰写时

年终岁尾,班主任有一项常规性工作——给学生写评语。这是师生交流、家校沟通的重要环节,从某种意义上说,"走心"的评语具有比期末考试成绩更为重要的教育价值。

1. "走心"的评语取决于老师对待学生评语撰写工作的态度。认为纯粹是虚的,根本不起啥作用的,其评语在还没有动笔之前,就已经宣告其低劣之质量;认为完全是被迫,不得不完成的工作,其评语过程要么是艰难的苦想,要么是轻松的复制、粘贴;而真正认为评语是育人重要渠道的,其评语就是一项教育发现与创造。请记住,你我的态度决定了评语的质量与教育力度。

2. "走心"的期末评语是老师丰富的日常教育积累的产物。有心的老师从开学那天就以一双慧眼去发现、以一颗柔软的心去感受、以纸笔键盘去记录学生的特长、小成就、小感动与小悲伤,记录与孩子交往的点滴、教育故事等。老师对孩子的优缺点、发展点都如数家珍,下笔时信手拈来,如行云流水,又怎么会一写评语就无话可说呢?请记住:你我脑海里与孩子交往的点滴记忆,班级管理中的小感动、小悲伤、小纠结、小兴奋都是学生评语撰写的素材源泉。

3. "走心"的期末评语一定是老师大爱的自然流淌。面对六七十名学生,应持有一颗大爱之心,不仅要对每个学生的家庭背景、学业态度、智力水平、身高长相等了若指掌,更要在教育教学中力求一视同仁,平等对待每一位学生,让为师之爱如阳光普照,没有爱的阴暗角落,更没有爱的死角与盲区。请记住,学生评语的撰写一定是真诚关爱、以爱育爱的结果,一定是让学生读评语时欣喜若狂或窃窃自喜而潸然泪下的。

4."走心"的期末评语一定是老师育人智慧的自然表达。班主任是教师队伍中最具育人智慧的群体,智慧的班主任能够做到"一把钥匙开一把锁",从不以"万能良方"管理班级,解决学生问题。因此,他面对的学生、处理的问题,都是因材施教的结果,在每一次与学生的交流与碰撞中,总是有新发现与新成就。这些师生之间充满教育智慧的故事,经班主任真诚、大爱的润色,就一定会成为或激励或引领学生的"良方"。请记住,学生评语的撰写是教育智慧的展示,是教育策略的实施,是师生关系的纽带。

5."走心"的评语要避免两千:千篇一律、千人一面。要突出三性:个性、发展性、扬长性。要落实两有:评中有人,从称呼到落款呈现对生命的呵护与敬畏;评中有事,从孩子特长爱好的褒奖、对缺点不足改善的期待到学习交往生活的点滴记忆,都能引发孩子向上向善的动力。

让每一个生命挺拔如峰

人要在不断比较中成长

第一个要比的是聪明和勤奋。我经常告诉我的学生,如果你们一个竞争对手不仅比你聪明更比你勤奋,那你死定了。你永远赶不上别人。越往后,还要比激情的持续力。一个二十岁的小姑娘或小伙子有激情不稀奇,问题是经历了风风雨雨的坎坷之后还有没有。

第二个比的是积累的厚度。为什么我们走着走着会感觉走不动了,力不从心了?往往是因为我们的积累不够了。对教师来讲,要有哪些积累呢?最首要的是实践的积累。优秀的教师首先不是写文章写出来的,不是读有字之书读出来的,而是千锤百炼的上课实践出来的。接下来再配置阅读的积累、写作的积累,还有自我反思与重建的积累……我们的一生能够走多远,你前面的积累怎么样很关键。

第三个要比的是主动还是被动,是内驱力。一个教师不能对自我有所作为,就成不了一个好教师。有一个关于鸡蛋的比喻:鸡蛋有两种命运、两种结局。第一种,被人用外力打破。结局是什么?变成别人口中的食物。第二种,用内力来冲破蛋壳。结果是诞生新的生命。这个内力是什么?就是每个人的内生力,每个人自我生长的力量。为什么要阅读?为什么要不断反思和重建?都是为了让内生力、自生力强大起来,绵绵不绝。我们每个人都可以选择,到底是愿意做被外力打破的鸡蛋,进而变成别人口中的食物呢,还是变成由内力冲破蛋壳的鸡蛋,一次一次诞生自我的新生命呢?这全在于自己的选择,全在于我们作为教师和教育者能不能教天地人事育生命自觉。育谁的生命自觉?先从自己的生命自觉培育开始。

第四个要比的是一个人的视野或者格局的宽度。什么叫一个人的格局很大，我举个例子，我少年时代的偶像之一数学家陈景润，八十年代讲过一句话，我牢牢地记住了：我做数学研究，我不跟国内同行比，我跟国外同行比。我太欣赏这句话了，这叫作格局。

第五个要比的是一个人的胸怀。有没有宽广的胸怀，人到了最后，什么经验、什么能力、什么操作方法都是次要的，比的就是谁的胸怀更宽广。

关于班规的思考

一、制定班规的目的

"红灯停,绿灯行,黄灯亮了等一等。"这是幼儿园的小朋友也耳熟能详的交通规则,也正是这简单的规则避免了无数灾难,挽救了无数生命,出行更安全,秩序更井然,社会更文明。我们的学生正处于花季,在成长的人生路上会有许许多多的十字路口,在思想不断成熟发展的过程中难免出现一些枝枝杈杈,身处声色犬马的多彩世界难免会面对形形色色的诱惑,何去何从,选择至关重要。"没有规矩,不成方圆。"有法律法规校纪的约束固然重要,但有时难入学生心灵。苏霍姆林斯基指出,道德准则,只有当它们被学生自己追求,获得和亲自体验过的时候,才能真正成为学生的精神财富。所以,让我们的孩子亲自去设计成长路上的红绿灯,从日常的一言一行做起,培养良好习惯,进而形成良好品质,正确做事,做正确的事;踏实做事,做踏实的人。

二、时间与空间

既考虑在校时间(在校做个好学生),也考虑家庭(在家做个好孩子),更考虑社会(在社会做个好公民);既要考虑五天学习时间,也要涵盖两天休息时间。

班规的建立是否会影响个性发展?

什么是个性,什么是自由?真正的个性与自由是指个人的自由发展是为他人的自由发展创造条件和空间。如就寝后唱歌，自己高兴了，发泄了，但让室友付出的是不能正常休息的代价，这种自由和个性能行吗？

三、班规建立的原则

尊重是前提，认可是关键，合法是底线。

提醒为主，惩罚辅助。

敬畏真理、敬畏规则就是敬畏生命。

班规既是行动规则，更应成为一面旗帜。

相信学生，自己的事让他们自己去做。

来源于学生，适用于学生。

执行和落实是班规能否长久有效的关键。

岳峰小学"登峰卡"使用方法

学生评价是学校教育评价的核心。岳峰小学自建校以来,以"登峰卡"为评价载体,探索学校、家庭、社会三位一体的学生管理新途径,努力创建"峰"文化品牌。经过几年的不断完善,"登峰卡"评价机制渐趋成熟,起到了帮助教师了解学生,帮助学生发现自己长处的作用。新学期,为扎实推进"登峰评价",引领学生做"品体如岳,才智如峰"的岳峰少年,现对"登峰卡"的使用作如下说明。

一、"登峰卡"简介

"登峰卡"评价以基础卡(峰之德、峰之智、峰之体、峰之美、峰之劳)——登峰银卡——登峰金卡——登峰少年证书——岳峰少年(1年级望岳之星,2年级仰岳之星,3年级登岳之星,4年级兴岳之星,5年级岳峰之星)层层递进的形式,让学生在一点一滴的积累中培养良好习惯,体验成功的愉悦。

岳峰少年:1-4年级私人订制,带有照片,岳峰少年——望岳之星,岳峰少年——仰岳之星,岳峰少年——登岳之星,岳峰少年——兴岳之星,岳峰少年——岳峰之星(颁发奖杯)。

二、兑换机制

1-2年级的积分制是以个人为单位,卡、章、杯对于前面的学生吸引力较大,而对于后面的学生,引不起太大的兴趣。建议1-2年级把学生分为两组，1组是积够25分（5颗星）获得登峰卡，2组是积够15分（3颗星）获得登峰卡（具体人数和名单由班主任确定）。

3-5年级的积分制是以小组为单位，抓好组长这一有力的臂膀，让组长带领四人攀登高峰。对于10岁的儿童来说，他们开始有了一些自己的想法，所以除了有卡、章、杯的激励以外，必要的精神奖励和惩罚也不可缺少。

三、兑换程序

班级积分制（组长负责）→基础卡（优秀学生负责）→登峰银卡（班主任）→登峰金卡（年级主任）→登峰少年（校长办公室换取证书）→岳峰少年（1-4年级开学典礼，5年级毕业典礼）

基础卡发放人员说明：

卡的类别	发放人员
峰之德	班主任、辅导员、品德教师
峰之智	班主任、语文、数学、英语教师
峰之体	班主任、体育教师
峰之美	班主任、音乐、美术教师
峰之劳	班主任、科学教师

四、兑换标准

班级积分制→基础卡

基础卡3张→登峰银卡1张

登峰银卡2张→登峰金卡1张

登峰金卡3张→登峰少年证书1张

登峰少年证书6张，各科学习成绩优秀→岳峰少年（1年级望岳之星，2年级仰岳之星，3年级登岳之星，4年级兴岳之星，5年级岳峰之星）

让每一个生命挺拔如峰

(一) 基础卡——德、智、体、美、劳

1. 峰之德：峰之德诚信储蓄银行（学校）、峰之德储蓄分行（班级）、峰之德个人储蓄存折。

（1）"峰之德"储蓄总行：在"我型我秀"舞台的旁边建立"峰之德"储蓄总行，由学校大队部具体负责。学生平时在校内捡拾到衣服、红领巾、小红帽等物品，自己放到"诚信储蓄银行"橱柜，并和见证人一起进行登记，见证人在"峰之德——道德银行"记录册和学生个人道德银行存折上登记签字。每周五下午，少先队大队委文明礼仪部负责审核统计，计入班级量化。

（2）"峰之德"储蓄分行：即班级储蓄分行，由各班的辅导员具体负责。结合岳峰小学"日行一善道德记录手册"（班级）内容，积分达到15分获得"峰之德"登峰卡一张。每月单独记录，便于统计。根据班级使用情况，大队部每月统计一次，计入班级量化。

（3）"峰之德"个人储蓄存折："道德银行"存折平时由学生自己负责保管，学生每做一件好事或获得奖励与荣誉，在"道德银行"存折上记录，个人储蓄存折在家庭中使用，每学期评价一次，计入班级量化。

说明：①"道德银行"存折用完后，如需更新，应向学校交旧领新。②"道德银行"存折丢失后，其做好事的累计情况若有记录的以记录为准，没有记录的从零开始记录。

2. 峰之智：结合个人评价和小组捆绑式评价办法，由班主任和语文、数学、英语学科教师进行发放，由班主任统一语文、数学、英语的发放标准，做到不同学科同步评价。

3. 峰之体：由班主任、体育教师根据学生平时在体育锻炼、习惯养成等方面的表现，适时进行评价（体育教师明确发放标准）。

（1）积极参加学校组织的各项体育活动，并在学校体育比赛（如运动会、跳绳比赛等）中获奖的同学，由班主任颁发"峰之体"登峰卡一张。

（2）在体育课中，活动积极，表现突出或进步的同学，由体育老师颁发"峰之体"登峰卡一张。

4. 峰之美：由班主任和美术、音乐教师根据学生平时在才艺展示、艺体节等活动中的表现，适时进行评价（美术、音乐教师明确发放标准）。

（1）积极参加学校组织的各项艺术活动，如才艺展示、六一汇演等，由班主任颁发"峰之美"登峰卡一张。

（2）在区级活动中获得二等奖、学校组织的各项活动中获得一等奖的同学，由班主任颁发"峰之美"登峰卡一张。

（3）在艺术课中，活动积极，表现突出或进步的同学，由学科教师颁发"峰之美"登峰卡一张，具体办法由音乐、美术教师制定。

5. 峰之劳：由班主任或科学教师根据学生平时在创新大赛、科技制作等活动中的表现，适时进行评价（科学教师明确发放标准）。

（二）登峰银卡

1. 学生在德、智、体、美、劳等方面表现突出，积得3张登峰卡，即可获得一张"登峰银卡"。

2. 在市级各项比赛中获得二等奖、区级各项比赛活动中获得一等奖的同学，由班主任直接颁发登峰银卡一张。

（三）登峰金卡

1. 积得2张登峰银卡，即可获得一张"登峰金卡"。

2. 在省级各项比赛中获得二等奖、市级各项比赛活动中获得一等奖的同学，由年级主任直接颁发登峰金卡。

（四）登峰少年证书

1. 学生积得3张登峰金卡，即可到校长室兑换一张由校长签发的登峰少年证书。

2. 在国家级各项比赛中获得二等奖、省级各项比赛活动中获得一等奖的同学，由校长直接颁发登峰少年证书一张并进行登记。

（五）"岳峰少年"奖杯

1. 每学年度积得6张登峰少年证书、在期末考试中各科成绩均在优秀等级的同学被评为"岳峰少年"（根据1-5年级不同类别进行发放）。

2. 在国家级各项比赛中获得一等奖，直接被评为"岳峰少年"（根据1-5年级不同类别进行发放）。

五、兑换时间

针对目前"登峰卡"不能及时兑换的现象，本学期对兑换的时间作如下规定：

类别	时间	备注
基础卡	周一主题队会	每次表彰留存照片，发到学校微信群、班级QQ群，以此引领家长。
登峰银卡	周一主题队会	
登峰金卡	年级主任规定	如：1班周一习字课后，2班周二习字课后，3班周三习字课后……班级较多的由年级主任进行协调。
登峰少年证书	1年级周一，2年级周二，3年级周三，4年级周四，5年级周五
岳峰少年奖杯	1—4年级开学典礼，5年级毕业典礼

六、"登峰卡"的使用与管理

1. 全体教师都有权利有义务严格按规定使用和管理好登峰卡，但要防止滥发、乱丢登峰卡而造成负面影响。

2. 全体教师要及时颁发登峰卡，激励优秀生的同时也要照顾后进生，适当降低坡度，斟酌颁发登峰卡。

3. 各位老师对精确、定量的登峰卡，如实按要求颁发；对模糊、定性的登峰卡要严格控制数量。

4. 教育学生爱护星光卡，丢失不补，涂画、损坏作废。

七、"登峰卡"发放对班级量化的说明

1. "峰之德"储蓄总行的利用，根据班级记录情况和大队部统计，计入班级量化，每人次加1分（1周评价1次）。

2. "峰之德"储蓄分行的利用，根据班级使用记录情况和大队部统计，计入班级量化，没有使用记录的视为0分。计算方法：分值＝当月实际使用页数（不足1页的按1页计算，1月评价1次，由大队部提供相关数据）。

3. 道德储蓄卡的利用，根据班级学期末上交情况和使用记录情况，由年级辅导员统计，计入班级量化。计算方法：（1学期评价1次，由年级辅导员提供相关数据）。

4. 年级主任统计的登峰金卡的发放数量计入班级量化。具体算法：（1月评价1次，由年级主任提供相关数据）。

峰 之 行 ——实践体验篇

行,道也。授业者间,百家争鸣、兼容并蓄;习业者间,百花齐放、博采众长。大学之道,在明明德,在亲民,在止于至善。秉承立德树人的根本任务,学校构建德育体系,夯实党建引领育人根基。秉承实践是检验一切真理的法宝,创造机会,走进自然,走向社会,全面发展。

创新德育模式，成就生命精彩

——基于三主体育人策略的德育一体化实践

按照《山东省中小学德育课程一体化实施指导纲要》的有关精神，学校以社会主义核心价值观为引领，以"立德树人"为根本，以"让每一个生命挺拔如峰"为核心，以培养"品体如岳，才智如峰"的岳峰少年为目标，找准德育课程的切入点，夯实学科课程的融合点，把握传统文化课程的渗透点，拓宽实践活动课程的生长点，积极探索基于三主体育人策略的德育一体化实践。

一、基于学生主体发展，形成德育自觉

陶行知提出："德育靠自治，智育靠自学，体育靠自强。"品德和习惯的形成源于自觉，这种自觉形成于学生的自主管理、自我反思和自我改进。我们力求通过"自主管理、生本课程、实践体验"促进德育的自觉化。

（一）自主管理"打基础"

学校努力搭建平台，培养孩子的自主管理能力，以少代会为依托，建立校级、年级、班级不同岗位责任制，实行值日班长轮流制和校长助理制。通过实行值日班长轮流负责制，不仅增强了学生参与班级事务的主动性，更重要的是让每一名学生在管理体验中学会了服从、增强了自律。由大队委在各班选举产生一名校长助理，轮流值日，收集学生的建议和意见，维护办公区域的正常管理，和值日校长一起对大课间、升旗等集会，

上学、放学的路队，各时段的卫生保持，课间主题活动的落实等进行检查，次日通过校园广播进行反馈。在岳峰，人人都是小干部，人人时时有事管，事事处处有人管。

（二）生本课程"架支点"

本着活动课程化的宗旨，为学生的自主管理搭建支点。利用升旗仪式这一平台，发挥各班学生的创意，展现班级风采，成为学生素养展示、班级凝聚力提升、德育教育引领等方面的平台。为一年级新生设置"新生攀登足迹"，通过学长帮带、趣味闯关和即时评价等形式，规范新生入学教育，确保新生尽快熟悉环境、了解老师、融入集体，为学生的登峰成长做好铺垫。

（三）实践体验"拓平台"

我们坚信：没有体验就没有成长。为此，学校积极搭建学生体验平台，引领每位学生在体验中感悟，在感悟中内化，努力培养健康心态、公民意识、民族情怀和社会责任。

本着"日行一善，积小善而成大德"的宗旨，我们实施道德储蓄体验活动，建立层级评价体系，为学生设置"道德储蓄卡"，以"行为习惯和道德品质"为主要内容，以"奖励兑换"为手段，以"榜样教育"为途径，以"日积月累"为目的存储自己的道德发展历程，让学生从点滴积累的实际行动中体会道德的价值所在，将"日行一善"的种子根植于每一名学生心中。

我们把传统文化体验作为学校教育的根本点，分不同年级编印《国学经典》校本教材，通过开笔礼、成童礼等活动，在浓厚的仪式感中增强学生对传统文化的感知和热爱。落实"晨诵、午写、暮读"工程，利用大课间开展传统文化诵读和礼仪操活动，校园内时时处处洋溢着浓浓书香，朗朗的诵读声响彻校园——美哉我少年岳峰，风生水起；壮哉我岳峰少年，勇于登攀！

二、基于教师主体引领，促进德育实效

孔子曰："其身正不令而行；其身不正，虽令不从。"教师的身教大于言教。教师作为学生成长的引导者，在德育实施过程中，要发挥主体引领

作用，抓好全员育人、学科渗透、课程跟进、登峰评价等工作。

（一）全员育人"心连心"

我们设立"家长心声诉求中心"，向每位家长发放"家校连心卡"，所有教师的联系方式面向学生和家长公布，实行"首问答复"和"限时回复"制度，成为家长们在孩子教育过程中的"110"助手；构建"五位一体，六面共导"全员育人工程，全体教师从学生的思想引导、学业辅导、行为训导和心理疏导等方面确定辅导对象，指导学生的发展方向，真正形成人人都是教育者，时时处处皆教育的良好氛围。

（二）学科渗透"重实效"

每学期初，我们都组织教师开展集体备课，明确本学科、本学期的德育渗透点有几个，分别在哪些单元、渗透什么、渗透多少、如何渗透等。目前，我们已整理了约200个渗透点，并分年级编制"核心素养发展周任务单"，每周针对学生核心素养培养，从习惯养成、学科知识、实践体验等方面制定详细的学习任务和评价标准，引导学生"学"有目标，"行"有方向，"做"有动力，同时也为家长的监督评价提供依据。

（三）课程跟进"成体系"

实施登峰德育的过程中，学校把课程的开发和整合作为实现育人目的的重要途径，形成了"447"课程体系，第一个4是指国家、地方、校本、家本四级课程，第二个4为校本课程的四类，7是指开发语文节、数学节、英语节、艺体节、科技节、生命节、读书节等学科节课程，贯穿全年始终，并细化为日课程、周课程、月课程和学期课程。通过丰富的课程资源，力求让每个学生在小学五年能够至少有一个健康的身体，精通一门乐器，掌握一项运动技能，有一项持久的爱好，培养一个终身受益的好习惯。

一是以习惯养成为主的德育课程。主要以社会主义核心价值观为引领，构建《文明礼仪教育》课程体系，深入开展小公民教育活动。从学生最基本的礼仪教育出发，以学生身边的典型案例为切入点，引发学生思考，规范学生行为。课程中专门设置了"文明礼仪十二步走"评价专栏，采取自评、组评、师评、家长评的方式促进学生的行为养成。

二是以素养发展为主的人文课程。本着"育德、健体、促智"的宗旨，围绕打造艺体岳峰的目标开发艺体素养课程。如开发《小足球大世界》足球课程，既培养学生的规则意识，又培养学生的意志力和协同力；开发《少儿武术》《太极拳》《跆拳道》等课程，让学生体会到习武先做人；开发《棋如人生》三棋课程，引领学生三思后行、落地不悔；开发《快乐口风琴》《趣味葫芦丝》《快乐剧场》《趣味剪纸》《陶艺》等课程，让学生体会到祖国传统文化对人的熏陶。

三是以特长培养为主的社团课程。学校为学生提供47项社团课程套餐，新增设STEM、创客实验、茶艺、陶艺、戏曲等课程，落实"快乐星期四"选课走班模式，实现"提供最适合的、选择最喜欢的、争做最优秀的"目标定位。

四是以实践体验为主的研修课程。本着"生活即教育，社会即学校，自然即课堂，体验即成长"的原则，我们已经形成了三个层面的研修课程体系，一是以片区为单位组织开展的家本研修课程，如爱心课程、公益课程、环保课程、礼仪课程等；二是由学校在学期中组织开展的定时、定向、定学段校外体验课程，如参观蒙牛工厂，走进规划馆，体验科技馆，岱庙知传统，等等；三是以寒暑假为主，由社会机构组织开展的社会研学课程，如曲阜毕业感恩，北京上海高校体验，红色之旅，等等。

4. 登峰评价"促内驱"。教育离不开评价，孩子的成长需要激励！学校遵循"发现学生闪光点，评价激励促发展"的宗旨，积极推行"登峰卡"激励式评价，设置峰之德道德银行和峰之翼红领巾自助超市，实行奖励兑换机制，形成了"卡章杯，两档案，一兑换"登峰评价体系，增强评价的延续性，努力让每名学生"攀登自己的高峰"。

三、基于家长主体参与，助推德育合力

苏霍姆林斯基说："教育的效果取决于学校和家庭教育影响的一致性。如果没有这种一致性，那么学校的教学和教育的过程就会像低级的房子一样倒塌下来。"为此，学校遵循"依法办学、自主管理、民主监督、社会参与"的原则，构建现代学校制度，依托家长代表大会，打造"四级管理，区域联动"家校共同体模式，校级为引领，年级为组织，班级为核心，片区小组为主体，形成了"上下联动，组织有序，职责分明，覆盖整

体"的家长管理网络体系。

在家长参与管理方面,我们实行家长积分制管理,作为评选优秀家长的重要依据。在具体实施中,我们与"四个一"活动有机融合。一是每学期一次"家长驻校"活动,家长自愿申报,每天都有 2 至 4 名驻校的家长全方位、全过程、立体化参与学校活动,深入了解学校办学的细节,为学校发展建言献策。二是每学期一次家长评教议教活动,由家委会设计评教内容和标准,通过微信评教的方式民主评议,学校将成绩作为教师师德考评的重要依据。三是每学年一次示范家庭评选活动。目前,共有 300 个家庭被授予书香家庭,有 162 个家庭被评为文明示范家庭,有 120 个家庭被评为爱心公益家庭。四是每学年一项家本课程开发,我们充分发挥片区小组的作用,探索开发家本课程,拓宽学生实践体验的空间。如"社会公益体验课程",救助白化病孩子,为贫困山区的孩子们捐赠图书,参加公益义卖,等等,让孩子们活动中懂得爱与被爱双重幸福,懂得孝敬父母、帮助他人、爱护环境、关心社会。近年来,各片区共开发家本课程 100 余项,组织开展片区实践活动 360 余次。如"亲子快乐健身行动""21 天习惯养成计划""书途同归读书会"等已经成为各片区的常态活动。

我们坚信,教育是行善,是激发,是引领,是共生。未来之路,我们将以德育一体化实践为契机,切实发挥"三主体"育人的作用,努力实现让每一个生命挺拔如峰的美好愿景。

发挥政治核心作用，推动学校健康发展

学校党组织在党建资源利用上下功夫，结合教育改革新成果，把德育工作做实、做细。如课程整合，《长征》展示课，通过数学的"数字长征"、语文的"诗吟长征"、英语的"众评长征"、音乐的"歌唱长征"、美术的"话说长征"，尝试对红色教育进行课程整合。孩子们陶醉了，教师们也相信：哪个学科都能育德，哪位教师都有育德责任。

学校党组织积极开展文明校园建设，设党建园地、文化长廊、英雄人物肖像画廊、校史园地，把红色元素融入细微之处。

党员发挥先锋模范作用的前提是，要时刻提醒自己是一名党员，并以之约束自己的行为，唤醒入党初心，强化党员意识，提升党性修养。全体党员必须佩戴党徽入校园、进课堂，与学生、家长交流或家访时必须佩戴党徽，教室门口悬挂"党员先锋岗"标牌，并开展重抄入党申请书、重温入党誓词活动。

党徽闪耀，有了敬畏之心，就会自律自省自警。党员教师自从佩戴党徽进校园，更加注意自己的状态：精神饱满地走上讲台；孩子犯了错，要多包容、耐心；对留守孩子，要多关心爱护；对学困生，要多鼓励、多找问题、少批评。

思想政治优势一旦得到转化，就凝聚成改革发展的巨大力量。

在岳峰，每名党员每学期至少要提1条合理化办学建议。提建议不是走过场、摆样子，党支部做的第一件事是指导党员深入实际考证，以提高建议的可行性。因此，党员教师积极踊跃的同时态度极其严谨，针对自己

的设想主动与身边教师讨论研究。一个党员带动了一群教师，一条建议成为众人智慧的结晶。近年来，学校收集到 40 多条合理化建议，其中 20 多条建议得到了落实，内容涉及校园文化、环境治理、学生行为、思想教育、队伍建设、课堂教学、教学研究、学校管理、体育卫生等，每条建议都能从学校现实出发，有理有据，有推进方案，有实施步骤，有预期效果。

党旗引领铸新岳，不忘初心永登峰

岳峰小学是一所年轻而又朝气蓬勃的学校，建校七年已发展成为一所拥有"两区一园"的省级规范化学校，有党员教师23人。在砥砺登峰的教育实践中，我们深刻体会到，要办好人民满意的教育，就必须坚持党的领导，筑牢支部堡垒，打造过硬队伍，擦亮教育品牌，让每一个学生都拥有自己精彩的人生。

一、建强支部班子，把握前进方向

2010年，为解决泰城西部优质教育资源匮乏的问题，市区两级党委政府审时度势筹建岳峰小学。我们首批12名教师在开学前三天来到学校，当时还是一片建筑工地，满地泥泞，坑坑洼洼，室内空空，水电不通，学校既没有资金，也没有生源。面对这种情况，有的教师开始犹豫彷徨，怎么办？我总结10年来在乡镇学校担任校长、支部书记的经验，要想办好事业，必须加强党的领导。于是，我向局党委提出建立临时党支部的建议，很快得到了批复。支部成立后，要求六名党员带头做思想工作，带头克服困难，带头解决实际问题，筹资4.7万元，为学校办好了组织机构代码证，从此学校有了"户口"。党员带领全体教师同甘共苦，分工协作，吃住在学校，边设计边实施，只用了三天时间，就顺利完成了招生、五年规划、建章立制及开学准备工作。9月1号，首批岳峰娃娃按时开学，迈出了岳峰发展的第一步。通过这段不平凡的经历，我更加感受到了组织的号召力，党员的战斗力。于是，在之后的工作中，我更加有意识地从支部班子入手，用党的政策武装头脑，靠党建把握方向，讲好"微党课"、用好"微平台"，提高"三会一课"质量。我们坚持每月第一周的周五开展主题党日教育活动，一月一主题，月月有重点。如十九大召开时，我们组织党员集体观看学习，结合习近平总书记在十九大报告中对教育提出的新期待，我们进行了热烈讨论，反思建校初心，挖掘发展短板，进一步明确前进方向，确立了"打造五岳岳峰，争创齐鲁名校"的目标。我们坚持每周校委会上落实十分钟微党课制度，主题是"反思与改进"，针对上一周工作出现的问题，开展批评与自我批评，不论职务、年龄大小，都要找问题、找差距、挖根源、定措施，把民主生活会常态化。我们班子成员带头深入到课堂当中，走到教师和学生身边，包班级，蹲年级，带备课组，任教主要学科。我们扩大党性教育范围，给全体教师上党课，强化党组织的政治引领和凝聚人心的作用。全体党员每月利用升旗仪式在全体学生的见证下重温入党誓词，为学生埋下童心向党的红色种子。

二、带好党员队伍，发挥先锋引领作用

习近平总书记指出："教师是立教之本、兴教之源。"我们觉得要打造一支强有力的教师团队，党员必须扛起先锋旗帜，走在队伍前列。我们创新开展了"党性加钢、教育领航"行动，由我带头，戴党徽入校园、进课堂、访家庭。党员教师徐宗官身患强直性脊柱炎，每天药不离口，但是他乐观向上，勇当表率，冒酷暑严寒，先后8次到偏远山区送课。他常说，党徽在胸前，责任记心间，戴上党徽不仅亮明了身份，更时刻提醒自己是一名党员，是一面旗帜。我们建立了把骨干教师培养成党员、把党员教师培养成名师的"双培养"机制，选聘优秀党员进入管理层，把符合条件的优秀青年教师吸收入党，起到"党员带骨干、骨干带全面"的效应，从而使青年教师在思想觉悟、政治修养、业务能力等方面不断取得进步。省特级教师赵晶，作为一名党员主动带领10名年轻教师成立学习共同体研究团队，所研究课题获省一等奖。党员教师李娜、邵莹产假未结束，提前两个月就毅然回到讲台；新教师李琪琪忍着左臂骨折的疼痛，吊着绷带坚持上课。这样的党员、教师还有很多，他们以实际行动诠释了一名共产党员、一名人民教师的责任和担当。

三、锻造岳峰教育品牌，让每一个生命挺拔如峰

学校把立德树人作为教育的根本任务，秉承"山高人为峰"的教育思想，围绕"让每一个生命挺拔如峰"的核心目标，相信"人人皆可教、人人可成才、人人能登峰"，建立德智体美劳育人体系，致力于培育"品体如岳，才智如峰"的岳峰学子。我们把党的政策理论，以深入浅出的方式，潜移默化地融进学生内心，从小培育他们热爱党、热爱祖国的品德，为每个孩子扣好人生第一粒扣子。如开发"道德储蓄"课程，记录孩子们每天的点滴成长，采用"卡章杯"登峰评价的方式，让孩子们在日行一善中，积小善而成大德！在每周举行的升旗仪式上，由党员教师传递红色箴言、讲述红色故事，指导学生们自编自演红色话剧，让孩子们对"党妈妈""祖国母亲"有了更深刻的认识。在一次升旗仪式时，党员教师赵晶为孩子们讲述了革命烈士刘胡兰宁死不屈、英勇就义的故事，很多孩子潸然泪下，内心被深深触动，爱党爱国的种子在孩子们心中萌芽。我们努力为孩子们提供最适合的教育，开发校本课程54项，多元化的课程不仅提高了学习成绩，更提升了全面素质。学生贾龙跃因热心公益被评为山东省美德少年，马润泽在全国语言大赛中荣获特等奖第一名，足球小将戚睿霖和杨冠华被陕西省U13球队录取……我们努力办好让百姓满意的教育，向每名家长发放"家校连心卡"，公开学校党员教师的联系方式，家长能随时随地联系到学校领导和老师，被誉为孩子教育的"110热线"，我们把教育办到了家长的心坎上。学校得到了各级党委政府的充分认可，先后被授予全国首批校园足球特色学校、山东省规范化学校、山东省首届文明校园、泰山先锋红旗党支部等荣誉称号。

培养一个孩子，幸福一个家庭，造福整个社会，我们一直在路上！下一步，我们将以习近平新时代中国特色社会主义思想为指引，在各级党委坚强领导下，牢记党的使命，不忘初心登峰志，立德树人谱新篇！

让"志愿精神"引领岳峰每一个生命挺拔如峰

　　"峰之行"志愿者团队成立于2014年，是岳峰小学在"峰文化"的引领下由学生和教师在自愿参与的原则下组建的一支志愿服务团队。本着志愿、无偿、奉献、服务的宗旨，倡导"参与、互助、奉献、进步"的义工精神，积极组织开展校园绿化美化净化活动、同学帮扶活动、爱心行动、社会公益活动等各种有益于社会，有益于学校，有益于同学的活动。

一、加强组织领导，加大宣传力度，着力营造志愿服务活动浓郁氛围

　　为确保"峰之行"志愿服务活动各项工作落到实处，学校及时召开专题会议，成立领导机构，制定活动方案，并落实专人负责此项工作。通过国旗下讲话、队会等有利时机，广泛进行思想动员。同时，充分利用"峰之声校园广播"、微信宣传等载体，积极开展宣传活动，深入引导广大学生在生活上艰苦朴素，在学习上刻苦钻研，在集体中助人为乐，为深入开展志愿服务活动营造浓郁的活动氛围。

二、以少先队为阵地，以家校共育为抓手，开展丰富多彩的活动

　　学校本着"以活动张扬个性、以活动促进成长"的原则，以少先队为阵地，以家校共育为抓手，通过组织学生开展丰富多彩的节日活动与主题活动，培养爱祖国、爱劳动、有爱心、懂感恩的新时代好少年。

1. "不一样的中国年"志愿服务活动。为引导全体队员为建设美丽的泰安,保护良好的生态环境做出贡献,学校在寒假期间开展"小手牵大手,共享绿色环保年"志愿服务活动。春节前夕,梦想中队的队员们和父母一起来到市政广场,不顾严寒,将亲手制作的"小手拉大手,抵制烟花爆竹"倡议书发到每一个路人手中,向他们宣传燃放烟花爆竹带来的危害,并将会书法的父母写的"福"字赠予参与抵制烟花爆竹的市民手中,以自己的实际行动践行小志愿者的精神。

2. "我是小雷锋"志愿服务活动。三月是学校的学雷锋活动月,学校大队部组织开展了"我是小雷锋"主题活动。周末时间,在学校附近小区的各个公共区域,有岳峰少年擦拭健身器材的身影;在泰安重要的景点市政广场、天平湖公园、天外村广场、湿地公园,有岳峰少年捡拾垃圾的身影;在学校的校外实践基地泰安市科技馆,也有岳峰少年志愿服务的身影,他们用自己的小小行动践行雷锋的志愿服务精神,争做新时期的小雷锋。

3. "爱心送暖"志愿服务活动。在学校"快乐星期四"社团活动的引领下,学校的每一名同学都找到了自己的兴趣点,并在老师的指导下不断提高,尤其是艺术课程方面,许多同学在合唱、舞蹈、器乐、朗诵等方面脱颖而出。他们充分发挥自己的特长,利用周末组织身边的小伙伴到敬老院、福利院等地方,义务为他们表演节目,为他们送去精神的慰藉。五年来,参加此项志愿服务的同学达1200多人,为老人、孩子演出800余场。

4. 建立"爱心阅览室"。在"峰文化"的引领下,岳峰的每一名少年与书为友,并将书籍作为连接城乡孩子的纽带。2014年3月学雷锋月中,学校开展了"捐一本书,建一间阅览室"爱心活动,得到了全体队员的积极响应,一天的时间,共收到队员捐赠的图书3000余册。学校积极与泰安市岱岳区化马湾乡红河小学联系,为他们捐建了一间"爱心阅览室"。在此活动的引领下,他们还积极到泰安市图书馆、文友书店等开展小义工活动。

5. "送课进家,让教育更有温度"。结合留守儿童助学等活动的开展,学校教师积极参与志愿服务活动,利用课余时间辅导学生,开展送课进家庭等多种形式的活动,让学生在知识上有所收获,有利于提升孩子学习的兴趣和积极性，让课堂更有内涵，让教育更有温度。

在"峰之行"小义工活动中，小志愿者们利用课余时间，参与学校环境的绿化、路队的组织、天然图书馆的整理、道德银行的规范等有意义的工作和活动。在小义工的带领下，家长也积极参与到志愿者的活动中来，他们在学校运动会、大型比赛、学校图书的录入等活动中，积极报名，担任志愿者，以自己的实际行动为孩子们做出榜样，以志愿者的精神影响着孩子们。

秉承岳峰精神，争做孝行少年

百善"孝"为先，孝为德之本。学校以"立德树人"为根本，以"让每一个生命挺拔如峰"为核心，树立"大德育"观，在德育空间、德育主体、德育形式等方面积极探索、勇于实践，实现了校园"处处都是育人环境"、学校"人人都是德育主体"、教育"时时事事有德育"的良好局面。学校把孝行文化渗透于教学、落实于活动、融入于课程、内化于行动，努力培养"品体如岳，才智如峰"的岳峰好少年。

一、实施文化引领行动，凝聚孝行教育之魂

学校校名"岳峰"源于泰山历史文化名人萧大亨，萧大亨号"岳峰"，曾任兵、刑两部尚书13年，他忠君爱国，心系梓里，体恤百姓，内外称孝，教子从严。用其号命名学校，突出历史特色，寓指学生要立大志，行大德，做大事。

学校充分发挥"连廊"的建筑特点，在环校西路建成以"践行社会主义核心价值观"为导向的红色文化长廊，在教学楼内建成以"养习立德"为核心的文明礼仪长廊，在连廊建成"琴棋书画"为核心的传统文化体验长廊，连廊二层建成以"四德五爱"为核心的德育长廊，让校园的角角落落、时时处处充满育人的正能量。通过开笔礼、成童礼、毕业礼等仪式教育影响学生，从新生入校的第一天开始，全面实施"好习惯21天养成计划"，设置"新生攀登卡"，开展入学教育，规范德行、习惯，为学生的登峰成长做好铺垫。通过开展最美岳峰人、岳峰好少年、文明班级、示范家庭等评选活动，引领每位师生家长孝德立心、孝行立身，争做孝行榜样。建校以来，学校被

授予全国优秀传统文化传承学校，先后在山东省素质教育论坛、全国德育论坛上做典型发言，峰文化已经成为岳峰小学的标志，更是每一个岳峰人奋勇登攀的航标。

二、实施学科融合行动，疏通孝行教育之渠

学校根据课程属性，归纳每门课程的德育目标、德育范畴，突出课程的德育特点，强调课程核心素养与德育的有效契合，强化每门课程的育人功能，达到全科育人的目的。学期初组织教师开展集体备课，明确本学科、本学期的德育渗透点有几个，分别在哪些单元、渗透什么、渗透多少、如何渗透等。目前，我们共整理了约200个渗透点，并分年级编制"核心素养发展周任务单"，每周针对学生核心素养培养，从习惯养成、学科知识、实践体验等方面制定详细的学习任务和评价标准，引导学生"学"有目标，"行"有方向，"做"有动力，同时也为家长的监督评价提供了依据。

三、实施课程跟进行动，拓宽孝行教育之源

在实施孝行教育的过程中，学校把课程的开发和整合作为实现育人目的的重要途径，形成了"447"课程体系，即四级、四类、七节，细化为日课程、周课程、月课程和学期课程。

以习惯养成为主的德育课程。主要以社会主义核心价值观为引领，构建《文明礼仪教育》课程体系，深入开展小公民教育活动。从学生最基本的礼仪教育出发，以学生身边的典型案例为切入点，引发学生思考，规范学生行为。课程中专门设置了"文明礼仪十二步走"评价专栏，采取自评、组评、师评、家长评的方式促进学生的行为养成。把每周一的升旗仪式打造成"升旗课程"，使其成为学生行为习惯教育的重要途径，升旗仪式上国旗队出旗、升旗、学生宣誓、中队风采展示、教师传讲红色箴言、常规总结、金星少年以及星级班级表彰，等等，增强了学生的自主管理意识和集体荣誉感。

以素养发展为主的人文课程。开发《小足球大世界》足球课程，既培养学生的规则意识，又培养学生的意志力和协同力；开发《论语》《三字经》《弟子规》等传统文化课程，引导学生从入学的第一天起就端正方向，牢记

于心；开发《少儿武术》《太极拳》《跆拳道》等课程，让学生体会到习武先做人；开发《棋如人生》三棋课程，引领学生三思后行、落地不悔；开发《快乐口风琴》《趣味葫芦丝》《快乐剧场》《趣味剪纸》《国画》《陶艺》《民乐》《书法》等课程，让学生体会到祖国传统文化对人的熏陶。

在每年一次的感恩节活动中，我们通过孝行教育进校园、护蛋行动、我为父母做件事等活动引导学生增强感恩之心，把孝行落实到行动之中。

四、实施德育体验行动，提升孝行教育之效

遵循月月有主题、周周有活动、天天有体验的原则，学校一以贯之地把体验活动作为学生发展的重要抓手，以"三节五心"道德体验活动为主线，引领每位学生参与到各种富有教育意义的体验活动之中，在活动中努力培养学生的健康心态、公民意识、民族情怀和社会责任。

本着"日行一善，积小善而成大德"的教育宗旨，实施道德储蓄体验活动，建立班级、年级、学校三级道德储蓄银行，形成层级评价体系，为学生建立"道德储蓄卡"，以"行为习惯和道德品质"为主要内容，以"奖励兑换"为手段，以"榜样教育"为途径，以"日积月累"为目的存储自己的道德发展历程。道德储蓄卡记录学生的文明行为，同时为所在班级团队储蓄积分，增强集体荣誉感，促使学生养成良好的行为习惯，从点滴积累的实际行动中体会道德的价值所在，将"日行一善"的种子根植于每一名学生心中。如四年级一班的贾龙跃同学，他是小荷公益的一名小志愿者。在父母的影响下，他积极参加爱心救助、公益义卖等实践活动，用自己的实际行动践行着一名岳峰少年的爱心与责任，满满的四本道德储蓄卡记录了他"日行一善"的足迹。他连续两年获得"岳峰好少年"奖杯，被授予2015年度最美岳峰人称号，2017年被评为山东好少年。

五、实施登峰评价行动，助推孝行教育之力

我们实行"卡章杯，两档案，一兑换"登峰评价机制，以"登峰卡"激励式评价和登峰争章工程（即基础章、发展章、特色章）为载体，通过评价撬动学生成长的自信，设立"峰之翼红领巾自助超市"，实行荣誉申请和奖励兑换机制，增强评价的延续性，努力引领每名学生"攀登自己的高峰"。

加强少先队组织文化建设，
助力"峰文化"品牌创建

现阶段，《少先队改革》已成为各级少工委备受关注的一个话题，自其方案颁布以来，泰安市岱岳区岳峰小学全体辅导员和少先队员便通过座谈会、微信宣传、手画报、红领巾小提案等各种形式宣传学习《少先队改革》具体内容，以此促进学校的少先队工作更上一层楼。

学校教育德为先。岳峰小学自2010年建校以来就十分重视学校的少先队工作，努力坚持把少先队工作作为德育的主阵地，不断完善、提升少先队整体建设。学校立足于独特的区位优势和泰山的文化熏陶，提出了创建"峰"文化品牌的思路，努力实现"让每一个生命挺拔如峰"的育人目标，通过少先队的组织建设、文化建设、仪式教育以及丰富多彩的少先队活动培养少先队员的组织归属感，增强少先队员的光荣感，提升少先队组织的吸引力和凝聚力。

一、组织建设"打基础"

辅导员是少先队活动的组织者和指导者，是少先队活动顺利开展的保证。作为一所年轻的学校，学校在辅导员队伍方面面临的问题是：辅导员的专业化程度不够。针对这一问题，大队部从源头抓起，一是选择优秀教师组成辅导员队伍，二是通过培训促进辅导员能力的提升。在培训中，从基本的少先队知识、少先队礼仪（行队礼、系红领巾）、中队组织建设等入手，逐渐到各种仪式的开展，通过学习、交流、展示、评比等促进辅导员队伍的发展。

随着学校的发展，大队部建立了"中队辅导员——年级总辅导员——大队辅导员"三级体系，以此带动全校辅导员向着专业化的方向迈进，并聘请校外优秀志愿者担任校外辅导员，让少先队的辅导员组织建设更加完善。

大队部本着"事事有人做，人人有事管，人人有责任"的原则，在中队中，着眼于把队员从被动被管理变为主动管理，做自己的主人，做中队的主人的目的，积极组织中队建立"少先队小家务"，设置管理岗位，赋予相应权限，落实岗位职责，让每个队员在集体中都负有一定责任，既管理别人，又被别人管理，在强化队员的主人翁意识和集体荣誉感的同时，形成中队事务"人人都有机会管"的格局。在大队中，将大队部岗位分工与少先队活动阵地相结合，文娱委员负责我行我秀，宣传委员负责广播站，体育委员负责国旗班，纪律委员负责红领巾检查岗，组织委员负责"峰之翼红领巾自助超市"等，做到了"人人有岗位，人人学管理、人人会管理"，以此锻炼队干部的能力。

二、文化建设"重规范"

1. 规范少先队标志的使用。大队部积极落实规范红领巾、队旗、队歌、队礼、队委标志的佩戴等工作。通过"中队干部竞选""最美队礼""红领巾小讲师"等，规范队干部标志的佩戴及使用。同时，在中队及校园内，充分发挥少先队标志的作用，增强全体队员的光荣感与归属感。这也正符合了《少先队改革》中倡导的"在校内外少先队活动中积极使用少先队标志和组织文化各种标志"。

2. 规范中队文化建设。"文化是一所学校的灵魂！"同样，在少先队工作中，文化也是如此。在中队文化建设中，大队部围绕"中队文化建设显特色"的原则，指导每个中队辅导员让队员自主设计个性化中队文化。每个中队的教室布置都有体现本队个性特色的队名、队风、中队口号、中队风采展示园地，建立自己的生物角、图书角、卫生角、星光展示栏等。其中，小荷中队的队员们在辅导员老师的带领下，与书为友，创作儿童诗，走出校门，到大自然和社会中品味书香，创办了中队的特色刊物《书途同归，相伴成长》。

结合"动感中队"创建活动要求，大队部在每周的升旗仪式上推行"中队风采展示"活动，各中队在辅导员和队员的创意引领下，或诵读、或歌唱、或快板、或韵律操、或飞花令，将"动感中队"的创建浓缩成一个个精彩的节目，以此彰显"动感中队"创建成果，也切实增强了队员的集体荣誉感。

三、阵地建设"拓平台"

《少先队改革》指出，"加强学校少先队队室、鼓号队建设，建好用好红领巾广播站、电视台、宣传栏、中队角、中队园地和少先队新媒体等阵地"。

2013年7月，学校当时只有三个年级的学生，在学校领导和艺术教师的建议下，大队部组织了5名有艺术特长的教师利用暑假时间组建了第一支"少先队鼓乐队"。随着少先队的不断发展，学校先后建立了"峰之声红领巾广播站""小小交通警体验岗""峰之德道德银行""峰之行红领巾小义工""我行我秀大舞台""峰之翼红领巾自助超市""少年国旗班"等，为更多的队员提供了实践体验的平台。少先队活动阵地的建设，拓宽了少先队活动的内容，增强了少先队组织的吸引力和凝聚力，为学校少先队的发展提供了有力的保障。

四、仪式教育"成体系"

《少年队改革》的主要目标中指出，"让少先队员更喜欢少先队，光荣感和组织归属感显著增强，少先队吸引力、凝聚力进一步提高"。这一目标的达成，与仪式教育有着密切的联系。现在，学校在少先队仪式中形成了"132"体系，即"一会三礼二仪式"。一会即少先队代表大会，三礼即开笔礼，成长礼、毕业典礼，二仪式指入队仪式和队旗交接仪式。

少代会中，队员的全员参与提升了每一名队员当家做主的意识，切实增强了队员的光荣感和组织归属感；入队仪式中，红色传递引领队员知道了党、团、队的关系及领导作用，老队员或父母为新队员系上鲜艳的红领巾，增强了队员间、亲子间的关系；红领巾小心愿引领队员争做优秀少先队员；"红领巾小讲师"也成为优秀队员宣讲少先队的舞台。

五、特色活动"促发展"

少先队活动既能丰富队员的生活，又能培养队员良好的参与意识及道德品质，激发队员昂扬向上的精神。而新颖的、有特色的少先队活动，既能给队员提供一个锻炼和展示自己的平台，又能让队员在活动中去体验、感悟、总结，从而达到教育的目的。

学校遵循"月月有主题、周周有活动、天天有体验"的原则，把实践体验活动作为学生发展的重要抓手，引领每位学生参与到各种富有教育意义的活动之中，在活动中努力培养队员的健康心态、公民意识、民族情怀和社会责任。"绿色银行"的建立，激发了每一位队员的节约意识；"道德银行"的开设，"美德少年"的评选，培养了队员关爱他人、助人为乐、与人为善的良好风尚；"传统文化体验"带领队员由烈士陵园走到岱庙，聘请泰安市梆子剧团的艺术家走进校园，让队员感受到了幸福生活的来之不易，感受到了传统文化的魅力；曲阜之行的"研学之旅"让队员在体验中懂得了吃苦、感恩；学校43个红领巾小社团的组建，培养了队员的个性和特长。

《少先队改革》中指出，要重视拓展校外和社区少先队工作。学校结合四级管理、区域联动的家校共育模式，提倡各小队走出校门，创新自己的特色活动。梦想中队在清明节到来之际开展以"缅怀革命先烈，弘扬爱国情怀"为主题的瞻仰岱岳烈士陵园活动，春晓中队开展以"共同走进岱庙，感受齐鲁文化"为主题的社会实践活动，彩虹中队天平片区开展以"健康出行，快乐你我"为主题的环保行动，小荷中队开展了"书途同归"主题活动……队员在一系列的体验活动中，获得了服务他人，服务社会，实现价值的真实感受。

在队员评价方面，学校遵循"发现队员闪光点，评价激励促发展"的原则，结合雏鹰争章和峰文化理念，实施"登峰卡"激励式评价和登峰争章工程，设立"峰之翼红领巾自助超市"，实行荣誉申请和奖励兑换机制，增强评价的延续性，努力引领每名队员"攀登自己的高峰"。

让每一个生命挺拔如峰

　　今后，我们将继续坚持少先队改革的正确方向，牢牢把握少先队组织立德树人的根本任务，扎实做好少先队的组织文化建设，开展丰富多彩的少先队活动，引领全体少先队员听党的话、跟党走，让岳峰的红领巾更亮、更鲜艳！

峰 之 力 ——信息应用篇

相信信息化，相信技术，相信互联网的力量！技术是信息化时代最大的生产力。技术改变课堂，信息铸就未来，信息技术让学校教育更便捷、快速、直观、高效。打造智慧化校园势在必行，基础在建，关键在用。

信息技术丰满羽翼，为教育教学插上腾飞的翅膀

教育信息化是实现教育现代化的基础和条件。建校近七年来，学校以"实施幸福教育，共享教育幸福"为主线，以创建"质量岳峰、科技岳峰、红色岳峰、绿色岳峰和艺体岳峰"的五岳目标为抓手，以信息化建设为契机，努力构建现代学校教育的新机制。

作为岱岳区信息化试点学校、全市慕课联盟项目学校、创客教育试点学校，我们将"基于数字化校园的慕课研究"作为切入点，把信息化建设作为打造科技岳峰的重要内容，确定为"峰之翼"工程。立足学校实际，依托现有教学资源、自主开发资源和泰安市教育云平台资源，努力加强基础设施和应用研究，力求通过信息化助力主体发展，为学校教育教学插上腾飞的翅膀。

实现教育信息化，"建设是基础，用好是关键"。

我们认为，教育信息化的实施必须面向三个主体，那就是：学生、教师和家长。为此，学校紧紧围绕"三主体"发展思路，搭建信息化平台，构建三位一体的信息化育人网络。

一、加强信息基础建设，为教育教学奠基

学校围绕"基于慕课的翻转课堂研究"这一中心，立足实际，确定了"一条主线、三个阶段、三项建设"的学校信息化建设思路。

一条主线，就是基于以硬件建设和网络环境为基础，实现从"标准化建设到基于云平台使用的个性化共享应用"为主线的学校信息化建设

思路。

三个阶段，就是按照学校信息化建设规划，将信息化工作规划为"探索筑渠阶段"（2013年—2014年），"基础建设阶段"（2014年—2015年）和"融合应用阶段"（2015年始）三个发展阶段，按照整体规划，分步实施。

三项建设，一是网络基础设施建设，在建成网络中心的基础上，在教育局的统一部署下，对学校网络进行升级改造，确保校园网络中枢系统畅通无阻；二是信息化教学设施建设，建成PAD实验室、录播教室、微课制作室、创客实验室四大信息化功能室，为信息化应用探究奠定坚实基础；三是信息化应用平台建设，把泰安市智慧教育云平台作为信息应用的重要载体，同时建成伴行3618校园智慧管理系统、超星信息阅读系统、快乐习字系统和校园智能广播系统，为信息化应用搭建桥梁纽带。

二、加强信息应用探究，为教育教学拓源

基于翻转课堂的研究，学校通过强化"三个优化，五项实践"，为信息化教学探索经验。

（一）实施"三个优化"，规范信息化应用体系

一是优化思想认识，夯实应用基础。思想是行动的先导，思想认识到位才能确保工作落实到位。为此，学校以"信息化应用能力培训"为核心，以"远程研修"为载体，以"应用驱动式校本教研"为支撑，强化师生对信息技术的应用意识。通过培训，引领每位教师树立"技术改变课堂"意识。从2014年9月起，学校就开始探索基于慕课的翻转课堂教学研究，形成了"3310"翻转课堂教学模式。

二是优化应用尝试，确保稳步实施。在翻转课堂的应用过程中，学校通过发挥班级QQ群、校园网站、微信平台的作用，引领家长指导孩子通过教师上传的微视频进行自主学习。

三是优化制度建设，确保应用落地。强有力的制度是推进信息化的保障。学校教师队伍年轻化，平均年龄不到31岁。立足于教师队伍优势，学校制定了《岳峰小学"智慧教育·数字化校园"工作实施方案》《网络教研实施方案》《教师登峰评价实施意见》《教师主体发展考评机制》等文

件，将信息化应用纳入教师综合考评，以"教师最近发展区"为导向，为每位教师绘制最近发展和递进发展的登峰成长路线，特别是信息化应用能力，作为现代教师发展的底线，要求人人会用，时时能用，节节用好，真正实现了教师发展有目标、有方向、有层次、有效果。

（二）抓好"五项实践"，探索信息化应用模式

在信息化在教育教学应用的探究方面，学校牢固树立"数字资源人人开发，信息技术人人掌握"的宗旨，依托"三主体"育人理念，重点探索"助教、助管、助学、助联、助评"五个方面的新模式。

一是立足"助教"，探索"教师发展"新模式。教师是学校发展的基石，教师对信息技术的应用程度，决定了信息化在教育教学中是否能够落地。学校通过信息化应用培训、教师信息素养大赛等活动，引领每位教师达到"四精"的要求，实现"四会"的目的，即要求每位教师精心编制一个学习任务单，精心制作一节微视频，精心上好一堂基于慕课的翻转课堂研讨课，精心上传一套完整的课程资源，从而实现每位教师会操作、会创新、会分享、会评价的目的。

学校在用好电子白板自带资源（如中央电教馆资源库）的基础上，鼓励、引导教师搜集、整理、开发和制作数字化资源，建立教学资源库。学校有7名教师在全国"Ｖ大赛"暨教育教学成果征集活动中获奖，有30多名教师在市区教育资源评选中获奖。

学校积极开展基于信息技术的混合式教学研讨，每学期每位教师必须上一节混合式展示课，积极探索学科教学与信息技术的深度融合，并通过学科节开展校际联盟学校之间的交流活动，以此助推信息化应用的新思路、新成效。

二是立足"助管"，探索"精细管理"新模式。学校充分发挥微信伴行3618校园智慧系统中的管理功能，确保教师考勤、请假审批、通知公告、公文办理、家长评教、自主选课等工作的信息化，实现了无纸化办公，快速、高效、即时。

三是立足"助学"，探索"自主学习"新模式。学生是学习的主体。学校运用信息技术在学生自学、补学、测学等方面，探索形成了"3310"翻转课堂教学模式。

"3310"翻转课堂教学模式,第一个3指的是三个阶段,实现了"课前自学—课中互学—课后测学"一条线;第二个3指的是三个作用,实现了"微课导学—微课助学—微课补学"成体系。

"10"指的是十个环节,课前实现了"以案自学、微课助学、自理网络"的目的;课中主要环节是合作互学成体系、交流困惑共提高、典型题例固方法、课堂测学求补救;课后主要是检查评价、微课补学、自练自纠。

同时,学校围绕全区"读书成长"和"写字育人"两大课题实验,探索电子阅读和习字指导的新途径。学校配备了超星电子阅读机,让随时随地、图文并茂的信息化阅读成为常态;校园的连廊上、教学楼内随处都有电子阅读一体机,成为同学们阅读的好帮手。同时,学校有力助推亲子阅读的实效性,家长只要扫描二维码即可下载手机端进行学习。另外,各班均安装"快乐习字"软件系统,为午写、写字指导课、静心等活动的落实提供有力保障。

学校《基于微课的小学数学复习策略与方法研究》课题申报省级立项。2015年,我们又在原来的基础上,推行"教学案一体化"。学校成功承办全市英语学科混合式优质课评选,翻转课堂成果分别在全区信息化应用调度会、全国义务教育均衡县验收、全市信息化应用推进会、美国校长访华之旅等活动中展示,其中在美国校长访华活动期间,有六所学校与我们签订了友好意向书。

四是立足"助联",探索"家校共育"新模式。学校在"四级管理,区域联动"家校共同体建设的基础上,落实"三联"机制,即家校联系的三条途径。一是对口沟通,利用学校微信平台,建立校长信箱和家长心声,被家长称为孩子教育问题的"110",落实"首问答复制度"和"限时回复制度",确保家长诉求的及时解决。二是即时沟通,充分发挥微信伴行3618智慧校园平台系统、学校网站、班级在线、班级微信群等平台即时与家长沟通学生在校情况,做到交流一对一、反馈及时化。如微信伴行3618平台,以学生为中心,促进家庭、教师、学校的连接和协同管理,通过学生的成功,获得家长的信任、尊重和感恩;通过家庭教育、学校教育和社会教育的多向融合,促进教育创新。目前平台统计,家庭、老师关注率达 97.22%。平台中的通知公告、作业、选课、圈子、学生评价、校园快讯、问卷投票、校长信箱、失物招领等功能确保了家校共育的系统化。三是定期沟通，每天早上 7：30 定时发布"清晨之声"，就家庭教育问题对家长进行指导，引领家庭教育的正确方向。

五是立足"助评"，探索"评价管理"新模式。围绕三主体育人理念，我们承担了"基于大数据之下的三主体综合素质评价"课题实验，积极探索信息技术支持下的三主体评价新机制。在教师主体评价方面，我们针对"德、能、勤、绩、格"五个方面，采取最近发展区为引领的多型教师发展性评价，建立一师一档，形成常态化的成长管理。在学生主体评价上，我们针对"德、智、体、美、劳、群"六个方面，采取登峰评价机制，对学生品德修养、核心素养等进行综合评价。在家长主体评价上，针对"谋、助、联、学、行、督"六字方针进行评价，对家长参与学校管理、家本课程开发、家长志愿者服务等进行评价，作为评选示范家庭的重要依据。

三、准确定位，明确方向，为教育教学助力

学校在翻转课堂研究方面与兄弟单位还有很大差距，离教育局要求还有很大距离。今后，我们将总结经验、查摆问题、准确定位、明确方向。

学校将持续贯彻落实一个依托，两线并行，四项强化，四个确保，即依托泰安市教育云平台，抓好信息化建设和应用两条线，强化思想引领，确保信息化应用的方向性；强化应用培训，确保混合式教学的规范性；强化实践探究，确保翻转课堂实施的实效性；强化成果总结，确保智慧校园建设的延续性。

峰 之 盾 ——安全保障篇

　　盾，意指防御，在此指底线、红线、高压线。教育是面向生命发展的事业，安全是教育的底线，是悬在每一名教育工作者尤其是校长头上的一把利剑。构筑"四化四防"安全网络，是学校对生命的态度。

让每一个生命挺拔如峰

全员参与一岗双责，构筑峰之"盾"

在峰文化引领下，学校严守"安全"这一底线，因为只有安全的环境才能够确保学生健康成长。近年来，学校全面制定各项安全管理制度，严格落实有关文件精神的要求，牢固树立"安全第一，预防为主"的思想，做到警钟长鸣，常抓不懈，努力构筑"峰之盾"，创建平安和谐校园。

一、统一思想，全员参与铸就安全之盾

学校始终把安全工作放在首位，通过宣传、教育，落实安全"一岗双责制度"，定期开展安全检查、整改，全面杜绝各种安全事故的发生，为全校师生创造了良好的工作、学习、生活环境，逐步探索形成了"峰之盾"安全工作管理模式：围绕"一个中心"，即服务学校中心工作（教学），确保师生健康安全、学校财产安全；加强"两个保障"措施，即加强硬件设备建设（人防、物防、技防）、规范安全管理（接送车辆、食品卫生、消防安全、防震检测、外出活动、课间管理、校园门口、晨检考勤、服药委托、身体健康调查等具体工作）；开展"三项系统工程"，即安全教育、社会体验（小记者活动、小交警岗、安全自查、演练）、家校共育（家校、警校）；形成"一个体系"，即全员参与、齐抓共管的"绿色岳峰"安全管理体系——"峰文化"学校品牌之"峰之盾"。

二、健全机制，三条防线形成责任体系

1. 加大投入，筑牢"人防、物防、技防"三条防线。人防方面，成立

安全工作领导小组，加强班主任队伍建设，聘用专业保安人员，明确学校安全兼职管理员，不断培训学习，提高各岗位安全管理水平。物防方面，先后投入两万余元，建设标准警务室，购置安保器材等。技防方面，先后两次招标，投资十余万元安装36个摄像头，全面覆盖学校每一处角落，对重点部位设置定时巡逻点，落实夜间巡逻工作。

2. 制定安全管理制度，构建安全管理网络。严格建立健全各项安全管理制度，每学年制定《岳峰小学安全工作实施方案》，构建平安绿色校园管理网络，规范安全管理标准流程。

3. 明确岗位职责，全面落实安全责任制。成立由校长任组长的学校安全工作领导小组，对全校安全工作统一指挥，统一安排，统一落实。全面落实"安全一岗双责"制度，依据《中小学岗位安全工作指导手册》及学校实际，明确学校校长、副校长、园长、安监办主任、办公室主任、教务主任、总务主任、德育处主任、班主任、任课教师、保安保洁、食堂工作人员等所有岗位所承担的安全职责（四定原则：定岗位、定人员、定职责、定标准），把各项安全措施落到实处，切实将安全教育和管理融入学校日常工作的各个环节，做到岗位到人、职责到人、落实到人、责任到人，逐级签订安全责任书，明确安全工作责任，实施安全一票否决制度。

4. 创新班级自主管理常态化。学校通过示范性班级评选和星级班级评价，引导班主任积极主动地探索学生自主管理的方式，大胆地将学生能做的班级事务及学校事务交由学生去管理，并将事务管理推向学习等全方位的管理。学校设立了安全岗、卫生岗、纪律岗、路队岗、两操岗等监督岗位，确保学校处处有监督、处处皆规范的效果。每周的升旗仪式都要对上周的班级常规检查情况进行反馈，发放星级班级牌，有安全班级、金星班级、纪律班级、卫生班级、文明班级等，并在各班教室前面的星级班级展评栏公示。

三、全面覆盖，齐抓共管构建安全环境

1. 加强保安管理，守住安全第一道防线。学校通过正规物业公司聘用专业保安，制定《保安工作细则》，定期召开会议，门口定岗，安排值班教师、家长义工、保安人员负责校门口的安全管理保障，守住门、看清

人、管好事，组织学生有序入校，对来访人员严格执行询问、登记等制度。严格执行"出入登记"制度、学生中途离校"请假条"制度，执行课间巡查、放学后检查教室、晚间巡逻等制度，有效地确保了学校师生人身及财产的安全。

2. 加强消防安全管理，确保无火灾事故的发生。学校制定宣传、检查、整改、配置消防设备四步走的制度，定期对消防器材、灭火器、应急灯、安全出口等进行检查维修；落实消防"四个能力"建设，培训师生消防器材的使用方法，使老师都能够熟练操作消防器材。

3. 加强对师生家长的交通安全教育。学校对交通安全教育时刻不放松，每学期邀请泰安市公安局交警支队岱岳区大队交通知识宣讲员对学生开展一次全面的"平安行，你我他"交通安全常识教育；向家长发放"泰城市民文明出行须知"，教育和提醒家长提高安全意识和监护人责任意识，不乘坐、不租用无牌、无证、无保险的"三无"车辆及报废车、载货车、拖拉机改装车、三轮车等不符合安全规定的车辆接送学生，积极配合交警对接送学生车辆进行检查。

4. 规范食堂管理，确保饮食卫生安全。严格按照标准规划建设学校食堂，科学合理设置分区，规范工作流程，严格食品购买、加工、储存等卫生要求标准。为确保学校食品安全，学校严格把好"六道关"，加强食品卫生常规管理，学校与管理员、食堂工人、供货商签订安全责任书，与供货商签订供货合同，同时进行抽查和定期检查，严格要求从业人员持证上岗。营养师制定每周带量食谱，引入有机蔬菜，尽量做到花样翻新，营养可口，确保饮食安全卫生。

5. 加强学生集会管理，确保无群体事故发生。学校为人员密集场所，管理不到位，极容易出现混乱。因此，学校对每次集会、广播体操都进行了精心的组织和周密的安排，要求每次活动必须有教师参与组织管理，加强路队管理，严格按照指定的线路上下楼梯，密切关注学生的安全。

6. 加强师生外出活动安全管理工作。针对教师、学生外出参观学习、比赛演出等活动情况，学校制定外出活动安全预案，对雇用的车辆登记造册，对车辆和驾驶员档案进行检查、备案；加强对司机和带队领导、教师的教育、培训，强化安全责任，提高处理应急事件的能力。

7. 建立定期安全自查台账，实施挂账销号制度。开学前、放假后、每季度定期对学校周边、用电、用气、体育器材、实验室、食堂、楼梯楼道、安全应急出口等重点部位进行安全自查，建立隐患台账，实行挂账销号督促整改。

8. 实行实验室专人负责制，确保实验室使用安全。在实验室的使用上，学校落实专人负责制，定期检查使用记录、借用记录，以及对实验室内危险化学品的储藏、使用、登记情况。

四、注重体验，多元实践落实安全常态

在峰文化的引领下，学校形成了具有岳峰特色的三项系统工程，即安全教育、社会体验（小记者活动、小交警岗、安全自查、演练）、家校共育（家校、警校）。

1. 开展多种形式的宣传教育，提高师生、家长安全意识和防范能力。安全工作既责任重大，又往往容易松懈。在宣传教育方面，学校一是将安全教育列入教学计划，纳入教学内容，每两周一个课时，做到师资、教材、课程、内容"四落实"。二是利用多种形式对全校师生进行系列安全知识教育，有效地提高师生的安全意识和防范能力。通过宣传标语、板报和宣传栏，升旗仪式、主题班会等形式，向师生宣传交通、用电、食品卫生、防溺水、防火、防震、防恶劣天气、防台风等安全知识。这一系列宣传活动，有效地丰富了学校师生的安全知识，使安全工作深入人心。三是开发"安全伴我在校园，我把安全带回家"安全教育活动课程，制作"一封信"系列教育材料，将安全知识通过学生带回家，教育一个学生，带动一个家庭。

2. 开展丰富的社会体验活动，增强师生的安全自护自救能力。一是组织小记者和学生代表外出，参观消防中队，学习消防知识，体验军营生活，增长知识，提高防火及火灾逃生能力。二是绿色德育体验，在规范学生路队管理的基础上，专门在学校主要通道上设置斑马线，购置小交警服，成立第一家校内模拟小交警，邀请交警培训小交警交通法规知识和交通手势，在校内模拟交警执勤，体验交警工作，宣传交通知识，每天安排值勤的小交警模拟监督，进而增强学生的安全规则意识。三是参与家庭安

全自查工作，学校发放家庭消防安全自查表，让学生与家长一起排查家庭中的安全隐患，讨论制定整改措施。四是制定各种演练方案，定期开展模拟逃生演练活动。建校初，学校利用"5.12""11.9"等纪念日进行防火及避震逃生安全演练；自本学期开始，每月一个逃生演练主题，每周五课间操时间为全校安全演练时间，每个班主持一次活动，演练之后及时进行总结评价，老师和学生分别进行一次安全主题演讲或安全教育。五是开展德育主题体验。遵循月月有主题、周周有活动、天天有体验的原则，学校开展了"三节五心"系列主题教育活动，选取生活中有价值的素材，有针对性地开展主题教育活动，如三月生命·感恩节，四月健康·艺体节，等等。

3. 开展家校、警校共建活动，落实全员育人制，构筑幸福之盾。一是根据学校全员育人制的规定，每一名岳峰工作人员都是岳峰的导师，都是教育者，班主任、科任教师、保安、保洁、食堂工人都是自己负责岗位的安全管理员，自己的一言一行对学生潜移默化的影响就是教育。二是学校把家校教育共同体建设作为幸福家庭创建的切入点，提出了"四级管理，区域联动"的家校共同体建设思路，逐步建立起班级家长联谊会、年级家长委员会和学校家长委员会三级家长网络体系，让家长成为安全教育的好帮手。三是充分发挥警校共建合力，努力将学校安全教育工作做得更扎实、更细致、更有效。学校与泰安市公安局交警支队岱岳区大队、粥店派出所签订警校合作协议，专门建成警务室，交警大队定期对学校师生进行安全教育，按时为校门口交通疏散、校园安全防范提供保障，有效地推进了平安校园建设。

筑牢四条防线，打造平安校园

安全工作无句号，天天都是零起点。我们时刻把学生装在心里，把安全刻在脑中，筑牢四条防线，努力打造平安、和谐校园，让每一个生命挺拔如峰！

一、强化制度建设，确保"人防"全员化

学校始终坚守"安全底线"不动摇，强化"人防"的制度化、全员化建设。一是健全机制，用制度规范人。学校成立安全工作领导小组，制定安全管理制度、岗位职责等80余项。通过对不同岗位、不同时段、不同区域进行制度的细化，确保工作机制更完善，工作网络更细致，一岗双责更明确，评价机制更科学，切实从思想上、行动上实现安全管理全辐射、无短板、无盲区。二是建立队伍，用管理规范人。首先做好警校联合工作，与交警支队、派出所、食药所、执法局等开展联合整治活动，开展共建警务室、培训安保人员、参与安全演练、门口定点执勤、召开法制报告、接送学生车辆检查等活动，成为学校安全强有力的保障；其次强化门卫岗位职责管理，24小时全时段值班，确保管好门、看好人、守好安全第一防线；第三是建好四支队伍，即以值日校长组为核心的全时段监控队伍，以班主任为重心的班级管理队伍，以少先队为主体的自主管理队伍和以家长志愿者为辅助的护学筑安队伍，落实流程化管理，确保全方位、全时段、全员化管理。

二、优化设施建设，确保"物防"标准化

在物防方面，学校建设标准警务室，安保器材、应急装备、消防设施等配全、配足、配好。学校依托智慧校园建设，建立安全监控室、微型消防站，实现了安全监控全覆盖、无盲区。学校安全工作小组落实安全自查制度，定期进行设施检查和维护，实施挂账销号督查。开学前一次、放假后一次、每月一次定期对学校全面安全自查，属地报、学校查相结合，建立隐患台账，实行挂账销号督促整改。

三、落实体验内化，确保"技防"课程化

一是开发以信息化为载体的新技术教育课程。智慧校园一卡通实现了学生从入校、进班、离校以及整体在校情况的即时性记录和反馈，为安全管理提供了智慧保障。安全教育从开学第一天就常态化实施，落实安全教育师资、教材、课程、内容"四落实"。安全教育课以"微课+体验"的方式进行教学，让学生寓学于乐，体验内化。二是开发以体验化为载体的安全教育课程。首先，实现安全教育课程的专题化，把安全体验课程作为提升学生安全防范意识、提高学生安全自护能力的落脚点，每月一专题，每周一主题，每周五的安全演练形成常态，安全演练之后的班级安全教育锦上添花，让安全底线铭记于心。其次，实现安全教育课程的常态化，在规范学生路队管理的基础上，在校内设置斑马线，建立小交警体验岗，实施安全自主管理；开发"安全伴我在校园，我把安全带回家"安全教育活动课程，每月一期"安全手拉手课程"，将安全知识通过学生带回家，进而实现教育一个学生，带动一个家庭，影响整个社会的目的。第三是实现安全教育课程的多元化，开发升旗课程、路队课程、文明礼仪课程、假期实践课程等，通过发挥不同阵地的作用，让安全教育深入人心。

四、注重思想引领，确保"心防"人文化

安全底线重在心防，思想上重视才是安全的关键。一是强化师德建设，签订师德责任书，杜绝体罚、心罚等事故的发生。在岳峰，每位教师心中有学生，脚下有底线，以身示范，引领成长。二是重视心理健康辅

导，建立标准的心理咨询室，开设阳光驿站，鼓励教师参加心理咨询师、家庭教育指导者培训等活动。目前，学校有二级心理咨询师1人，三级心理咨询师6人，同时聘请专业人员定期对师生、家长进行心理防范培训，引领学生、教师、家长三主体同步发展。

峰 之 语 ——交流引领篇

语，论也。从言，吾声。思想是行动的先导。岳峰发展需要思想的引领，正确的导向决定发展的方向，因为我们深知，路的方向比走路更重要。交流引领篇主要呈现了学校在教师发展、学生成长、党建引领、对外交流等方面的言论。

让每一个生命挺拔如峰

敬畏·追求·学习·修身

——寄语新教师

  为人师，必须时刻心存敬畏，严于律己。要敬畏我们的工作，这份工作满足我们所有的马斯洛需要，生存、安全、归属、尊重、价值体现；要敬畏生命，因为我们培育的是人、是生命。在这个过程中，我们自己的生命价值得以最大地体现，我们培育的生命得以最好地提升。要敬畏规律，儒家讲敬天爱人，道家讲道法自然。为师者要敬畏教育规律、敬畏孩子生命成长的规律。要敬畏规矩，一个单位，谁都没有绝对的自由，只有规矩下的相对自由。学会打折，这个打折不是做工作打折，而是当你的妄念、奢求得不到满足时，要及时矫正自己的目标。

  为人师，必须要有追求，敢于登峰。若不趁年轻努力拼一把，证明自身的价值，垂暮之年后悔晚矣。人最大的浪费是自身潜能的浪费。优秀者往往是行走在能力极限的边缘。按我校"13510"教师成长规划，一年要站稳讲台，有想法；三年能独当一面，有教学主张；五年崭露头角，小荷才露尖尖角，有自己的教育观点；十年就要成为优秀教师，有影响力，有教育思想。这可能不是一蹴而就的事，但从入职的那一刻起，一定要有自己的思想认识，要有自己的教学主张和工作举措，敢于吐故纳新，走自己以前没有走过的路，尝试新的教学方法，教研的路只会越走越宽，越研越幸福。

  为人师，必须保持学习的激情，勤于吸收。要想长成参天大树，先须学会扎根。所谓基础不牢，地动山摇。学习需要从专业书籍、人文典籍中，从实践中，从别人的经验里，从孩子的成长过程中去拼命地汲取自己生长需要的养分。这些都需要自动自发地去努力，养分就在那里等着你。有的老教师曾获得不少荣誉，但是思想一旦停滞，仍是逆水行舟，因为经验可以让人成熟，但不会代表你优秀。

  做一名教师，必须锤炼师者之心，乐于修身。师者佛心，普惠学生；师者公心，民主科学；师者仁心，爱满校园；师者良心，问心无愧。

  各位老师，谁没有青春？谁的青春不芳华？但芳华总会在某一天离我们而去，过程中留下来的东西才是最重要的。我们经常给学生讲，是大树就长成最好的大树，是小草就长成最美的小草。我们有没有意识到，我们也是大树、小草？我们是否在畅想十年以后是什么样子？请找准自己作为大树或者小草的特质，找准自己专业发展的生长点！在这登峰路上，愿事业的芳华永驻，我们一路同行！

掌握了沟通，你就掌握了世界

——与年轻教师谈怎样与家长沟通

一位哲人说过："掌握了沟通，你就掌握了世界。"老师要面对的家长群体各色各样，怎样才能进行有效沟通呢？

一、与不同的家长，在不同的情况下交流，需要不同的方法策略

1. 对于有教养的家庭，尽可能地将学生的表现如实向家长反映。我们学校不乏文化水平、家庭素养较高的家长，他们往往有较为理性的家教观念与家教行为，是周边家长学习的标杆。主动请他们提出教育的措施，认真倾听他们的意见，充分肯定和采纳他们的合理化建议，并适时提出自己的看法，和学生家长一起，同心协力，共同做好对学生的教育工作。

2. 对于溺爱型的家庭，交谈时，应先肯定学生的长处，对学生的良好表现予以真挚的赞赏和表扬，然后再适时指出学生的不足。要充分尊重学生家长的感情，肯定家长热爱子女的正确性，使对方在心理上能接纳你的意见。同时，也要用恳切的语言指出溺爱对孩子成长的危害，耐心热情地帮助和说服家长采取正确的方式来教育子女，启发家长实事求是地反映学生的情况，千万不要袒护自己的子女，因溺爱而隐瞒子女的过失。

3. 对于放任不管型的家庭，老师在交谈时要多报喜，少报忧，使学生家长认识到孩子的发展前途，激发家长对孩子的爱心与期望心理，改变对子女放任不管的态度，吸引他们主动参与对孩子的教育活动。同时，还要委婉地向家长指出放任不管对孩子的影响，使家长明白，孩子生长在一个缺乏爱心的家庭中是很痛苦的，从而增强家长对子女的关心程度，加强家长与子女间的感情，为学生的良好发展创造一个合适的环境。

4. 对性格粗暴，刚愎自用，甚至蛮不讲理的家长，要以静制动。大千世界，无奇不有，我们也曾见识过有的家长属外向型的"社会青年"，尤其是孩子受到一点委屈，哪怕是捕风捉影，到学校以后也是指责吵闹，大闹天宫，完全不顾及孩子及他人的感受。对待这部分家长要以冷（冷静）对热（燥热），以静制动，以柔克刚。在有其他老师陪同的情况下，邀请家长到较为安静的茶歇室，让座、倒水、倾听，以礼待"兵"，不冷静不谈事。越是难以理喻，就越要坚持晓之以理，做到先倾听后行动。

二、"换位"的思维方式以及与家长对孩子共同的爱是做好交流沟通的基础

教师与家长的沟通是为了一个共同的目标，那就是教育好孩子。共同的爱使家长和教师的距离拉得很近，使家校沟通更加自然、融洽。我们好多老师尚没有为人父母的角色体验，这就要求教师了解父母的角色，并从父母的角色去体会家长的心情和需求。孩子在集体活动中有时手或头碰破一点皮，家长接孩子时十分惊讶、十分心痛是肯定的，这时我们要了解父母的角色，换位思考，体谅家长的爱子之心（C 班同学，被打，及时与家长沟通，取得家长的认可，事情化解）。而有的教师表现出无所谓或是若无其事的态度，认为家长大惊小怪，那么，一件小事立即会使家长觉得老师对自己的孩子不够关心，对工作不够负责，进而影响家长与老师的关系，给家校沟通设置了障碍。如果老师从孩子父母的角色去心疼孩子，或者换个角度想想，如果受伤的孩子是自己的孩子，那就会很自然地理解家长的心情，处事态度也会大不相同，那么家校沟通就不会受阻。"换位"理解家长，因为我们是教师，我们的教育阅历、方法、理智感等要比家长更高一点。

三、要充分发挥语言艺术的魅力

在家校交流中，双方难免会谈到孩子的缺点，作为教师，应客观地向

家长告知孩子在学校的情况，而不应该掺杂主观色彩和情绪。教师应该用平和的语气，委婉的态度，一分为二的观点与家长交流。首先先扬后抑，先向家长介绍一些孩子的优点，再说孩子的不足之处或需改正的地方，这样便于家长接受。其次淡化孩子的缺点和错误，在父母眼中，自己的孩子是最棒的。他们认为自己的孩子犯了错误，只是一时糊涂，孩子的调皮是一种可爱。孩子毕竟是孩子，教师（包括家长）都不能以成人的标准去要求孩子。家长担心的不是孩子犯下的错误，而是教师对于孩子所犯错误的认识与态度。教师关键在于表达一种愿望——让家长明白，谈论孩子的不足，目的是希望得到家长的支持，以便家校共同引导孩子形成良好的行为习惯。最重要的一点是，我们要以一颗真诚、善良、理解的心，去表现对孩子的关爱之情，以此换来家长的信赖，家长十分在意教师如何看待自己孩子的态度。在实事求是的基础上，用征求意见的态度，与家长共同研究解决问题的办法。驾驭好批评的艺术，用爱心感化家长，使其能理智地与老师一起解决问题，工作起来就容易得多了。教师在与家长沟通时，应多站在家长的角度去关心孩子，理解家长的心情。如果教师真诚地对待每一个学生，那与家长之间的交谈一定会顺利进行，这会让孩子家长感受到教师是诚意喜爱、关心自己的孩子。教师在评价孩子时要日常使用的通俗语句，让家长听得懂，避免笼统地评价孩子。比如评价发展水平低于正常标准时，可结合事例进行，正确评价。教师与学生家长的接触，往往离不开评论学生。应让家长听到教师的肺腑之言，使其产生与老师共同教育学生的愿望。教师与家长谈话时，千万要避免只"告状"，除将孩子的问题告诉家长外，对孩子的进步也要实事求是地谈。在谈孩子的缺点时，教师还应主动、坦诚地检视自身在工作中的失误，商讨纠正、改进的措施，让家长觉得你是在真心实意地爱护他们的孩子，从而接受你的意见并积极合作，更坚定了教育好孩子的信心。

四、育人先强己，提升素养、关注细节、把握节点是做好家校有效沟通的前提

1. 提高自身素养，树立老师形象，多看关于教育学的书籍，以便随时能解答家长提出的关于孩子学习的问题。注意自身的言行举止，让家长充

分放心地将自己的孩子交到老师手中，同时用老师的一言一行影响孩子。

2. 主动与家长多沟通。孩子的学习及上课表现情况要及时向家长反馈，也可以多向家长了解孩子的性格和在家学习的情况，在家长面前要做到绝对专业、敬业。孩子在上课时的一些细小的情绪变化，或者今天孩子受到惩罚、表扬等，都要及时与家长沟通。

3. 与家长沟通和相处时，要把握好其中的"度"，可以多与家长交流一些教育方面的问题，不要涉及太多私人的问题，以及本部门内部一些老师之间的私人事情。

4. 不要随便向家长承诺一些老师个人不能确定的事情。

5. 不要与某几位家长建立特别好的关系，不要过分讨好家长，下课间隙与某几位家长聊天、拉家常，可能会引起别的家长的猜疑和不满。

6. 每逢节日，可通过短信方式向家长传达问候，保证对每位家长都一视同仁。

7. 尽量不要因为一点点琐碎细小的事情拨打家长手机，建议多采用短信方式与家长联系。

8. 做到一些细节的处理，让家长能时刻感受到老师对孩子及他们整个家庭的关心。

五、教师与家长沟通时常用的语词建议

1. 您的孩子最近表现很好，如果在以下几个方面改进一下，孩子的进步会更大。

2. 您有什么事情需要老师做吗？

3. 您有特别需要我们帮助的事情吗？

4. 这孩子太可爱了，老师和小朋友都很喜欢他，继续加油。

5. 谢谢您的理解，这是我们应该做的。

6. 您的孩子最近经常迟到，我担心他会错过许多好的活动，我们一起来帮他好吗？

7. 您的孩子最近没有来学校，老师和同学都很想他，真希望早点见到他。

8. 请相信孩子的能力，他会做好的。

9. 近期我们要举行××活动，相信有您的参与支持，会使活动更精彩。

10. 我们向您推荐好的育儿知识读物，您一定会有收获的，孩子也会受益。

六、面向个体家长推荐用语

1. 请家长不要着急，孩子偶尔犯错是难免的，我们一起来慢慢引导他。

2. 谢谢您的提醒！我查查看，了解清楚了再给您答复，好吧？

3. 您有什么想法，我们可以坐下来谈谈，都是为了孩子好。

4. 孩子之间的问题可以让他们自己来解决，放心吧，他们会成为好朋友的。

5. 很抱歉，孩子受伤了，老师也很心疼，以后我会更关注他。

6. 这件事是××负责，我可以帮您联系一下。

7. 我们非常欣赏您这样直言不讳的家长，您的建议我们会考虑的。

8. 您有这样的心情我很理解，等我们冷静下来再谈好吗？

9. 太对不起了，孩子下课和同学玩的时候，没注意受伤了，我已经给他处理过了，我也特别心疼，以后我会更加关注他。

不忘初心，牢记使命，实干担当争先锋
——在主题党日活动中心讲话

今天我们全体党员来到泰安市主题党日活动中心，举行"不忘初心，牢记使命"主题党日活动，目的是让我们全体党员接受一次党性教育，进一步增强党员的觉悟自觉和行为自觉，坚定理想信念，加强党性锻炼，永葆党员本色，激发为加快创建峰文化品牌促进学校高效发展的斗志与激情；同时，号召全体党员干部积极参与全国文明城市创建，以身作则，率先垂范，构建创城工作强大合力。我与大家做三方面的交流。

一、正确认识"不忘初心、牢记使命"主题教育，争做合格党员教师

习近平总书记在党的十九大报告中明确指出："中国共产党人的初心和使命，就是为中国人民谋幸福，为中华民族谋复兴。这个初心和使命是激励中国共产党人不断前进的根本动力。"这是一个走过近百年历程、走进新时代的世界第一大党，向党和人民做出的庄严承诺，充分体现了中国共产党人新时代的使命担当和价值追求。今天，学校党支部开展"不忘初心、牢记使命"主题教育，就是要用党的光荣历史和革命传统涵养全体党员教师的党性、用习近平新时代中国特色社会主义思想武装全体党员教师，用党建把握学校治理和教育教学前进方向。作为党员，要时刻提醒自己入党为什么，在党干什么，为党做什么，通过这一灵魂叩问引发内心自省。只有不忘初心，才能走得更远，走得更快，走得更稳。打铁还需自身

硬，作为党员教师，务必廉洁从教，公平从教，平等对待每个学生；务必爱岗敬业，尽职尽责，将自己的热情奉献给学校，奉献给学生；务必锐意改革，创新求变，不断寻求学校发展、学生成长的新路径、新方法；务必主动学习，锤炼党性，不断强化自己的党员意识，提升政治素质和业务能力，提高党性修养和工作水平；务必严守纪律，恪守师德，严格遵守党纪党规、工作纪律和单位制度，坚守底线，不越红线，不碰高压线；务必脚踏实地，精益求精，把履职尽责落实到每一个具体工作环节之中，把党性觉悟落实到每一项工作任务之中，力争在平凡的岗位上做出不平凡的贡献！

二、全面促进党建与业务融合，创新学校党建与品牌创建的新思路

自党的十九大以来，学校党支部认真贯彻党的十九大精神和习近平新时代中国特色社会主义思想，从严肃组织生活做起，定期召开学校党支部会，提高"三会一课"质量，积极开展主题党日教育活动，针对工作中出现的问题，开展批评与自我批评，找问题、挖根源、定措施，把民主生活会常态化。学校党支部扩大党性教育范围，给全体教师上党课，每月主题党日活动，全体党员重温入党誓词；在升旗仪式上，由党员教师传递红色箴言、讲述红色故事，为学生埋下童心向党的红色种子。下一步，学校党支部要创新开展"党性加钢、教育领航"行动，让每一名党员亮出党员身份、做出先锋承诺，接受师生监督，每一名党员都要佩戴党徽入校园、进课堂、访家庭；同时，建立把骨干教师培养成党员、把党员教师培养成名师的"双培养"机制，选聘优秀党员进入管理层，把符合条件的优秀青年教师吸收入党，形成"党员带骨干、骨干带全面"的生动局面。学校党支部要把立德树人作为教育的根本任务，围绕"让每一个生命挺拔如峰"的核心目标，致力于培育"品体如岳，才智如峰"的岳峰学子，深化"道德储蓄"课程，丰富"卡章杯"量化登峰评价，要充分利用传统节日和旅行研学的机会开展红色教育大课堂活动，利用课上、课下，多形式、多渠道地对学生开展革命传统教育和红色教育；要完善家校共育机制，建立家校共同体，充分利用教学开放周、家长驻校等方式，优化家校沟通，拉近距离，强化认同感；向每名家长发放"家校连心卡""意见建议征求卡"，公开学校党员教师的联系方式，让家长能随时随地联系到学校领导和老师，把教育办到家长的心坎上；要深化"1134"发展规划，丰盈峰文化品牌内涵，提高峰文化教育品位与品质。学校高位发展的平台已经搭建，希望每一名党员勇于担当，率先垂范，主动作为，争做学校品牌特色的领舞者。

三、充分发挥党员模范作用，为创建全国文明城市贡献力量

全国文明城市是综合评价城市发展水平的重要标尺，也是城市竞争中最具价值的"金字招牌"。创建全国文明城市是市委、市政府当前一个时期内坚定不移的工作目标。学校作为教书育人主阵地、未成年人思想建设主战场更有义不容辞的责任。因此，全体党员教师务必要高度重视，形成共识，切实增强责任感和紧迫感，积极参与，主动工作，投身于创建文明城市工作中来。

营造好创城迎审良好氛围。学校党支部要在校园周边、宣传橱窗、教室墙壁及电子屏幕上展出社会主义核心价值观24字、中国梦，红领巾广播站每天传播，组织学生制作以创城为主题的黑板报、手抄报及绘画手工作品，在校园内外营造浓厚的创建文明城的氛围。

引导鼓励好家长志愿者服务活动。组织校领导、全体党员教师、家长志愿者和学生志愿者继续开展"泰安好司机，礼让斑马线"活动，对学校周边的拥堵路口进行车辆指挥和学生过马路引导，以实际行动为文明创建工作增添一份力量。

开展好核心价值观、中国梦"四进三入活动"，即进课堂，进教材，进社区，进家庭；入脑，入心，入行。全校党员教师要把党徽佩戴在胸前，成为创建活动中一道亮丽的风景线；完善好德育一体化课程，促进学生的习惯养成、品德形成；传唱好四德歌，编唱好社会主义核心价值观童歌童谣；组织好各类德育体验活动，如一二年级的护蛋行动，语文节中的故事小达人展示活动，爱草护绿行动，班级文化氛围评选等。

开展好"我为创城添光彩"社区志愿者服务活动。以党员教师为带动，组建各梯次文明城市创建志愿者队伍，深入社区、市场、商场，积极开展文明礼仪宣传、文明行为劝导活动，参与环保绿化、卫生清理，积极

服务文明城市创建,提升城市文明水平,为创造卫生整洁、环境优美、文明友善的新泰安做出贡献。

开展好"小手拉大手,共创文明城"共建活动。深入开展亲子共登峰工程,通过家长会向学生家长宣传文明礼仪知识,开展"我向家长讲文明"活动,向家长发放倡议书和公开信共同学习文明礼仪知识,努力形成全社会共同参与文明创建的良好局面。

开展好"文明班级、文明礼仪好少年"评选活动。加强班级文化建设,营造浓厚的学习氛围,创建个性化班级;加强爱校如家教育,教育学生自觉维护学校环境卫生,倡导文明风尚。每个学生确定一项终身受益的文明活动,提高自身素质和文化水平。

同志们,"不忘初心,牢记使命",使命呼唤担当,使命引领未来。新时代新作为,我们要牢记"四个意识",登高望远,居安思危,坚持改革不停顿、创新不止步,坚持道路自信、理论自信、制度自信、文化自信,以狮子率队的狠劲、燕子垒窝的恒劲、蚂蚁啃骨头的韧劲、老牛爬坡的拼劲,撸起袖子加油干,实干担当争先锋,走好岳峰发展的长征路。

认真履职尽责，助力学校征程的新动能

——在岳峰小学工会委员会成立大会上的讲话

2017年，在区教育局的正确指导下，学校以"让每一个生命挺拔如峰"为核心，以"学生、教师、家长"三主体育人为载体，恪守"厚德仰岳，永攀高峰"的校训，牢固树立"人人皆可教，人人可成才，人人能登峰"的教育观，营造"负势竞上，千百成峰"的校风氛围，努力培养"品体如岳，才智如峰"的岳峰学子。学校被授予山东省首届文明校园、山东省家庭教育示范基地、山东省交通安全示范校、山东省安全文化研究示范基地、山东省学雷锋最佳志愿服务组织等荣誉称号，学校"447"课程被评为山东省优秀课程。这些成绩是广大岳峰人呕心沥血、无私奉献的结晶。

为搭建更加有利于奋发有为的广阔舞台，更好地维护教职员工的权利权益，更好地发挥好广大教师的主体育人作用，学校成立岳峰工会组织，这是现代学校治理体系的重要体现，是学校发展和我们政治生活中的大事。在此，我代表学校党支部对本次大会的顺利召开表示热烈的祝贺，向出席会议的各位领导表示热烈的欢迎和衷心的感谢！借此机会，我提三点希望与要求。

一是全面履行工会职责，维护好教职工合法权益。学校工会要按照国家有关法律法规，敢于维权，善于维权，实现好、发展好、维护好广大教职工的合法权益。要进行深入调研，了解教职工的思想，广泛听取意见和建议，反映合理意愿和要求，为党支部决策提供及时准确的信息。在政策

允许的条件下,千方百计地为广大教师特别是困难教师办实事、做好事、解难事,努力把工会组织建设成为广大教师信赖的"和谐之家""温暖之家"。

二是全面融入学校发展,助力学校征程的新动能。学校工会要结合自身特点,把工作融入学校教育大局中去,聚焦立德树人根本任务,助力于登峰发展工程,打造优秀的教师团队和积极向上的学生团队;助力于"学生、教师和家长"三主体发展策略,打造家校社发展共同体;助力于课堂教学改革,创建共同体学习新模式;助力于完善"447"课程体系,提供适合学生、适应未来的教育套餐;助力于峰文化品牌建设,打造艺体教育、创客教育、登峰评价和课堂教学改革四大品牌,为创建"学生向往、教师幸福、学术认可、社会满意"的伟大学校做出新贡献。

三是要加强工会自身建设,增强凝聚力。要加强内部管理,管好、用好工会经费,把好事办好,尽最大可能提高教职工的福利待遇;要组织好教职工文体活动,尽最大可能丰富教职工的业余生活;要发挥好凝聚人心的纽带作用,尽最大可能让人尽其才、才尽其用;要做到廉洁自律,奋发有为,让组织放心,让全体教职工放心。

做好工会工作,责任重大,意义深远,需要每一位岳峰人的积极参与,主动作为。让我们手挽手、心连心,志存高远,脚踏实地,为实现"每一个生命的挺拔"开拓进取,永攀高峰!

峰之语——交流引领篇

讲好岳峰好故事，发好岳峰最强音
——在第三届语文节开幕式上的讲话

  五月的岳峰校园，处处洋溢着青春的气息和火热的激情。今天，我们隆重举行"缤纷故事、七彩童年"第三届语文节启动仪式，首先让我们把掌声送给为筹备本届语文节不辞辛劳的语文老师和精心编创故事的同学们。今天借此机会，我主要讲两个方面的问题，一是关于语文学习，二是关于讲好岳峰故事。

  得语文者得高分，得阅读者得语文。语文是知识传承的桥梁，学习语文可以培养我们观察世界、了解世界的能力。在我们的语文课本中，无论是祖国的大好河山，还是古今中外的名人事例，都让我们增长了知识，开阔了眼界。学习语文，也是学好其他学科的基础和获得知识的必需技能。实践证明，语文成绩好的同学综合成绩一般均名列前茅。在语文的学习过程中，阅读的积累与语文素养的整体提升关系密切，可以说"得阅读者得语文"。希望同学们每一天都在喜欢阅读中开始，体验阅读的力量，将这力量带入自己的生活，爱上阅读，爱上语文。这不仅仅帮助你考试得高分，更能成为你一生所拥有的百变能量。

  讲好岳峰好故事，发好岳峰最强音。我时常看到同学们在连廊的长椅上捧一本书，沉醉于一个又一个美妙的故事，爱不释手。我想，喜欢故事的人是善良的，拥有故事的人是美丽的，创造故事的人是有希望的。五年级的贾龙跃同学从小与爸爸妈妈一起做公益，自己的压岁钱从来不舍得花，把它捐赠给贫困山区的孩子。他本人被评为山东好少年，他用自己的

让每一个生命挺拔如峰

故事告诉我们：给予是幸福的。我希望岳峰的每一位同学都是喜欢故事、拥有故事和创造故事的好少年。本届语文节的主题是"缤纷故事、七彩童年"，希望语文节的开幕能把大家带入沁人心脾的故事长廊，愿你们用一个个生动而又感人的故事，丰富岳峰好故事，传递向善、向美、向上的力量。

讲故事，讲好故事；编故事，编新故事；演故事，演美故事。每一个故事背后，都有语文，也都有一个大大的人字，那就是学做好人，希望大家学好语文，讲好故事，学做好人！最后，预祝本届语文节圆满成功！

努力让自己的生命挺拔如峰

——寄语岳峰小学第一届毕业生

时光荏苒，春秋五载。作为岳峰小学第一届毕业生，你们即将告别母校，告别童年，奔向多彩的少年时代，踏上人生新的登峰之旅。

记忆、感动、留恋……跃然于这本薄薄的小册子上的每一幅照片、每一句祝福。

孩子们，毕业不是结束，而是孕育新的希望，因为登峰之路永无止境！在你们即将踏上新的征程之际，我有三方面的期望送给你们。

一是心中要有信仰。信仰对于民族而言是灵魂，对于人的成长而言是力量。要永存家国情怀，牢记责任担当，践行社会主义核心价值观。心中有信仰，就会有方向，就会有力量，就会有向上、向善的行动。坚守自己心中的信仰，你才会不迷惘、不懈怠、不放弃。

二是胸中要有目标。目标就是梦想，就是志向，更是孜孜以求的理想。人生须有梦，有梦才会有对幸福未来无比的向往；人生须有志，有志者事竟成。志当存高远，登高必自卑！善于把理想化为一个个阶段目标，登峰从低处爬起、习惯从点滴积累，行动从小事做起，遇水搭桥，逢山开路，踏地而行，相信"山高人为峰"的境界就在不远处等你！

三是脚下要有力量。要走好未来之路，唯有行动和坚持。人生须有行，既要仰望星空，更要脚踏实地，勇敢迈出第一步，认真做好"行动"这门功课，一切皆有可能；人生须有恒，有志之人立长志，踏实走好每一步，不要让你的梦想折戟在成功的前一天晚上。请记住：逆水行舟，一篙

让每一个生命挺拔如峰

都不可放缓；滴水穿石，一滴都不可弃滞；久久为功，一日都不可偏废；永攀高峰，一步都不可懈怠！

亲爱的同学们，未来之路，有晴空万里，也有狂风暴雨，要相信行动的力量，踮起脚尖就能更接近阳光！愿你们秉承永攀高峰的校训，乘风破浪，勇往直前，在为时代担当、为国家担当、为民族担当、为家庭担当、为自己担当中，开创一片天地，成就生命挺拔！

岳峰，是你们永远的家，记得常回家看看！

少代会，梦想起飞的地方
——岳峰小学首届少代会致辞

今天，我们隆重集会，召开岳峰小学第一届少代会。这是贯彻落实教育方针的要求、实施现代学校管理、实现民主治校的具体体现，是培养各位少先队员的公民意识、民主意识、主人翁意识的重要平台。首先，我代表学校党支部对大会的胜利召开表示热烈祝贺，对刚刚当选大队委委员的各位同学表示热烈祝贺！对各位嘉宾、各位家长代表的莅临表示热烈欢迎！

作为代表，首先是一种极高的荣誉，也是你们平时表现获得认可的最好证明。我知道，你们都是岳峰最优秀的队员，你们可能是品学兼优的班级小干部，也可能是具有某些特殊才能的小能人，还是关心同学、关心班级、热爱岳峰的小当家。今天，就让我们一起，心怀梦想，一起飞翔！

其次，作为代表，更是一份沉甸甸的责任。你们代表了全校700余名少先队员，在少代会这个平台上行使民主权利，为学校发展、教书育人出谋划策。在这里，你们有知情权、参与权、选举权、监督权，可以讨论少先队组织内部的事，讨论学校、学习等各方面的大事，你们的每一个提案，都关系着岳峰的一草一木、方方面面。我相信，学校管理诸多细节的改善就是因为你们的提案而发生的！

近年来，全体岳峰人励精图治，努力打造峰文化品牌，其核心理念是"让每一个生命如峰般挺拔"，我们在德、智、体、美、劳、群六大方面提出了明确的要求和具体的目标，各位优秀的少先队员要在日常的学习生活中严格按要求去做，时时处处起到模范带头作用，感染和带动周边的同学，明德善学，永攀高峰，争做优秀的岳峰少年！为此，我提以下三点希望。

一是希望你们心怀梦想，志存高远。中国梦，我们的梦。梦想是指引我们前进的航标。我们既要树立远大理想，也要确定一个个近期目标。作为一名少代会的代表，要有坚忍不拔的意志，不怕艰难，不怕挫折，勇做搏击风雨、翱翔长空的雄鹰。少年有志，国家有望，希望你们在未来的道路上走得更远。

二是希望你们追逐梦想，登高必自。梦在峰顶，路在脚下。要珍惜时光，从做好每一件事开始，多动脑，多思考；要接触自然，了解社会，开阔眼界，增长见识，多动手，多实践；要保持旺盛的求知欲、好奇心，努力开启探寻未来的道路，多观察，多探究；要关注自己与他人，强健体魄，健全人格，融入集体，多锻炼，多体验，肯合作，肯交际。

三是希望你们拥有梦想，永攀高峰。要学会对自己负责，对他人负责。不要辜负老师和队员们的重托，为队员们服务，真正起到榜样、示范的作用，带领全体少先队员奋勇向前，传播正能量，展现岳峰少年的良好风貌。

建区域性校长联盟的思考

——在教育局"群星计划"座谈会上的发言

"群星计划"是全区十大亮点品牌建设之一，是基于全区教育发展大环境的精准定位，通过典型培树和带动，搭建共赢平台，让每一个学校校长"负势竞上，争高直指"，进而形成"千百成峰"的景象，实现全区教育的均衡、整体和优质发展。群星计划不是千人一面，百校一面，而是各美其美，美美与共。

要实现"群星璀璨耀岱岳，岱岳教育走在前"的美好愿景，我认为校长必须基于以下七个方面开展工作。

一是必须基于建立健全章程，实行章程管理，绘制蓝景，确定发展规划、计划，确立奖惩激励机制。联盟校会员应志同道合，认同联盟的基本价值，道不同则不相为谋。除本土校长外，也可适当特邀著名校长、专家入会，健全线上、线下交流机制，助推快速成长。

二是必须基于资源共享与智慧辐射。校长要有融合的态度和共赢的思想。要与新时代思想相融合，确保正确的办学方向；要与岱岳教育整体发展相融合，对十大品牌建设，对"书写奋进之笔，昂首走在前列"有信心、决心、恒心，更应当有作为；共赢即消除功利思想、小我思想，打破地方保护主义、藩篱思想，树立大教育大发展观，用自身发展带动他人成长，用他山之石补己之短。实现联盟学校之间在教师发展、课程建设、课堂改革、品牌创建等方面的交流，如师资共享：定期交流，跨学段专业教师互派任教；信息资源共享：高考、中考新变化应渗透到小学；特别是打破学段的专业师资的分享,可能会带来意想不到的发展成效。如在小学创客教育方面,因为没有专业的、高层次的师资,阻碍了教育的实施,但是如果实现高中、初中、小学三个学段的互补,对于岱岳学子的长远发展意义深远。小学阶段可以针对新高考改革制定长远的发展目标和思路,确保学生进入更高的学段能够基础实、适应快、发展好。

三是必须基于校长成长的专业化。作为校长,要有明晰的办学定位,要有规范的课程观念,要有科学的质量意识,要有人本的管理机制,要有坚定的安全底线,要有教师至上的根本理念。这样才能确保校长成长有方向,学校发展有力量。岱岳教育因你我而更美丽。

四是必须基于问题的解决。每个学校都有自身发展的短板,通过联盟学校之间的协同与诊断,找准发展的短板,清醒认识之后,谋求解决的办法。带着问题求助交流是提升层次的重要途径。

五是必须基于平台搭建,载体建设。如校长沙龙、挂职培训、名校长工作室、跨地域跨学科的顶尖引领。走出去学习典型,主动与高手下棋过招;敢于"班门弄斧",接受评判。首先,要搭建基于专题化的分享与推广平台,关注校长成长的特色化、实效化。专题的确定需要立足全区校长发展的整体规划目标,并且要给予学校前期的诊断和定位,有针对性地进行培植,切实起到分享和带动的目的。如果是区域性的校际交流的话,可以定期开展"校长沙龙",规划主题线,确定引领校,以点带面,以研促变。同时可以开展每学期一次的"岱岳校长发展论坛",扩大交流的区域,邀请市内外名校参加交流分享,这样有助于全区学校发展空间的提升。其次,要搭建基于专业化的拓展与提升平台,关注校长成长的长效化、课程化。可以建立每月一次的"校长学习会",分学段开展,遴选有代表性的学校分别承办,确定主题、主讲人、点评嘉宾,这样既能锻炼学校的承办能力,又能够围绕主题展开交流。还要建立专业化的培训基地,制定科学、合理、有针对性的培训课程,形成常态化的培训机制。集中培训之后的考核必须跟进,如果只停留在一篇心得、一份总结、一次汇报的层面,不会有大的提升,只有把理论培训和实践探索有机结合,才能真正让培训落地。可以通过培训后的交流、发展目标的定位和阶段性的展示来进行训后验证。第三要搭建基于区域化的引领和带动平台,关注校长成长的联盟化、均衡化。发挥优秀校长的辐射引领作用,构建片区性的发展共同体,实现均衡、高位发展。可以通过课题引领、驻校研修、影子培训、跟进指导、网络交流等方式实现教育教学的带动、诊断和提升。

六是必须基于建立双赢的评价机制。教育行政部门应当出台一个基于联盟校之间共同发展的捆绑式考核评价标准,这样才能够确保联盟学校发展的目标同向、发展同步,促进共同体的整体发展,协同发展。

七是基于跨地域、跨学段的顶层引领。本着多学段融合、多区域交流的宗旨,教育局可以为校长的发展设计"走出去,融进去"的顶层设计,针对不同学段的培养目标,实现做好当下,关注未来,面向未来,思考来路的目的,让不同学段相互融合,提升校长的办学眼界和格局,让教育走得更踏实些。

加强未成年人心理健康教育的建议

——在区政协十三届二次会议上的发言

心理健康是指一个人的生理、心理与社会处于相互协调的和谐状态，具体表现为：身体、智力、情绪十分协调；适应环境，人际关系中彼此能谦让；有幸福感；在工作和学习中，能充分发挥自己的能力，过有效率的生活。在社会高速发展的过程中，未成年人常常会遇到各种各样的心理困惑和问题，承受越来越大的心理压力。有关调查表明，我国青少年中约有30%左右的人存在障碍性心理表现。心理疾患的高发病率已经成为当前危害未成年人身心健康的一大突出问题。主要表现在以下几个方面。

1. 多动：注意力不集中；情绪波动大，自我控制能力差；学习受到严重影响等。2. 焦虑：缺乏自信，过于敏感，食欲低落，无端哭闹。3. 恐怖和失眠：怕打雷闪电，极度紧张，抱头乱窜。儿童对于一些没有危险或基本没有危险的东西也感到害怕，出现回避、退缩行为，失眠，精力不足，情绪不稳。4. 攻击性：搞恶作剧，喜欢讽刺、挖苦别人，摔打成为癖好。5. 恶劣的人际关系：与人产生交流障碍，对人漠不关心，缺乏同情心，猜疑、嫉妒，不能置身于集体。6. 自虐甚至自杀倾向：宠爱过度，稍不顺心便暴怒无常，遭遇挫折便绝望轻生。

目前，在未成年人心理健康教育方面存在的问题及盲区，一是社会认识水平不高。现实生活中，"应试教育"的观念根深蒂固，社会对未成年人心理健康状况认识不足，对心理健康教育还存在一定认识盲区。

二是学校专业师资力量薄弱。作为实施教育的主阵地，大部分学校没有配备专业专职心理学教师，中小学心理健康教育的从教人员多由非专业人员或者班主任兼任。兼职老师缺少系统、长期的专业培训，心理健康教育效果显然达不到预期目标。

三是家长重视程度不够。大部分家长容易忽略学生心理健康教育，不重视子女心理问题，与学校及子女缺乏交流沟通，亲子关系僵化，认为心理健康教育是孩子学习教育活动中可有可无的事。

四是社会专业机构及从业人员缺乏。社会心理学专业机构是心理健康教育的重要场地，是对未成年人进行心理健康调适的重要载体。当今现状是，校外专业心理实践场所相对不足，专业设施配备不完善，尤其是在农村，无法保证心理健康教育活动正常开展。

加强对未成年人心理健康教育势在必行，现提出如下建议。

一、政府主导，建立和完善良好的社会支持系统

1. 加大宣传力度，营造全社会高度重视未成年人心理健康教育工作的氛围。通过电视台、网站、城市宣传标语、公益广告等形式，引导全社会关注、重视青少年的心理健康教育。

2. 强化环境整治，构建适合未成年人身心双健的环境。社会环境犹如一个大染缸，潜移默化地影响着学生的成长。只有社会环境好了，教育的氛围才会更加浓厚，教育的效果才会逐步显现。政府职能部门应协同开展环境整治工作，定期对不法商贩、不良场所等进行集中整治，为学校教育的实施助力增效。

3. 健全心理机构，提升正确进行心理健康辅导的自觉意识。在医疗机构建立专门的心理健康门诊，在各学校建立心理辅导教室，在各社区建立志愿服务岗，在农村建立心理救助站等，构建以专业机构为引领的多元辅导机制，形成不同层面的心理健康辅导"接力区"，确保形成全覆盖、即时化的心理辅导体系。

4. 优化志愿服务，形成有针对性的心理辅导志愿者组织，特别是针对农村留守儿童，在心理辅导、贫困资助等方面开展志愿服务活动。

二、勇于担当，建立和完善良好的学校心理健康教育机制

学校是学生心理健康教育的主阵地，是学生身心健康发展的主战场。因此，关注青少年的健康成长，重视学校心理健康教育已经成为素质教育新的生长点。

1. 加强队伍建设，为心理健康教育的实施提供专业的师资。政府支持，为学校配备专业的心理学教师或心理咨询师；构建以专职心理健康教师为核心，班主任为骨干，全体教师共同参与的心理健康教育工作机制；出台优惠政策，鼓励教师参加各级各类心理健康培训，考取心理咨询师资格；强化师德修养，建立良好的师生关系，倡树正能量，发挥教师以身示范的作用；聘请心理教育专家，定期组织开展区域内心理健康指导教师的案例交流和指导活动，让专业的人做专业的事。

2. 完善配套设施，为心理健康教育提供优质的保障。教育主管部门要切实加强区域内心理健康特色学校的创建工作。加大心理咨询室投入力度，配齐配足心理沙盘、心理测评管理系统、心理行为反馈训练系统、团体辅导工具箱、音乐放松椅、宣泄设备等心理辅导器材，购置专业书籍和刊物，满足咨询、发泄、疏导及学习需要。

3. 优化课程建设，为学生健康成长提供合适的资源。通过心理健康教育课程资源的整合、研发，在自我情绪调控、受挫能力、学习习惯与学习方法、交际心理与同伴交往、安全与道德、疾病与预防等方面全面提升心理素质；适时举办心理健康讲座，帮助青少年了解心理学知识，掌握一定的自我心理调节技术；开设心理健康教育课，依托课堂学习目标，寓心理健康于各学科教学之中，渗透性地开展心理健康教育。

4. 规范心理疏导，为解决学生心理问题拓宽有效的渠道。学校应开展多种形式的心理咨询与辅导工作，设立心理咨询热线电话、心理咨询信箱，建立学生心理健康档案等，进行个别与团体咨询、电话咨询、信件咨询、专栏咨询，采用科学、专业的方法对症下药，做好学生的心理跟踪、疏导服务，使学生的心理问题和行为问题能够得到及时矫治。

5. 实施家校共育，形成促进学生健康成长的教育共同体。对青少年的心理健康维护必须以家庭为起始点，以全体家庭成员的优良品质及和睦关

系为依托，为此学校要发挥家委会的作用，引领家长正确认识家庭教育，科学开展家庭教育，助力孩子成长。建立以家庭教育专家为引领、以班主任参与家庭教育指导为常态、以优秀家长资源为补充的家庭教育指导机构。成立家长学校，开设家长讲堂，开展家长沙龙，普及家庭教育知识，营造健康的家庭教育氛围；开展亲子共成长、优秀家庭评选等活动，优化家庭关系，同心协力为每一个生命营造健康良好的成长环境。

三、合理配置，建立和完善良好的社会心理服务体系

健全监督和评估机制，规范和提升现有社会心理培训机构的服务水平；招商引智，制定优惠政策，鼓励建立专业心理学服务机构，尤其是向农村地区提供送教服务，让心理疏导服务惠及农村广大留守儿童；争取驻泰高校、医院心理学专业机构、专家的支持，积极开展科普宣传、人才培养、标准制定、产品研发等工作，为社会心理服务机构的一线工作提供科技支撑，形成更多标准化、可推广的心理服务产品。

四、正确引导，建立和完善良好的治疗和康复机制

心理咨询与心理治疗作为"大健康"的重要组成部分，有助于维护和改善国民心理健康水平，减轻疾病负担，促进家庭和谐，构建良好的社会氛围。

一是在医疗机构方面，规范和提升各级医院心理咨询门诊的专业化水平，关注青少年心理健康教育，尤其是对未成年群体的心理疏导，可以通过"互联网＋心理健康服务"的形式，将优质的心理咨询与治疗资源拓展、延伸，进而提高服务水平。二是在社会认识方面，要做好心理健康知识和心理疾病科普工作，提高公众的辨识力。三是在就医治疗方面，做到及时性和科学性，如果发现青少年有明显的适应不良、学习不专心或学习成绩下降、行为古怪异常、情绪焦虑抑郁等，就应该去寻求心理医生的帮助，避免出现更加严重的心理健康后果。

让每一个生命挺拔如峰

奉献教育心无悔，双为双争做贡献
——在优秀政协委员事迹报告会上的发言

我叫谢清田，现任岱岳区岳峰小学校长。自担任区政协委员以来，我深刻体会到政协委员是一份荣誉，更是一份沉甸甸的责任。围绕区政协提出的"双为双争"活动要求，我立足岗位，履职尽责，努力争做奉献社会的合格政协委员，做服务师生发展的好校长。

一、履职尽责，以心换心，做奉献社会的合格政协委员

作为一名教育界委员，如何发挥好政协委员的职能，办好人民满意的幸福教育，是我不懈的追求，特别是"双为双争"活动开展以来，我立足"在岗位、在平时、在经常、在中心、在民生"的"五在"精髓，深入社区、教师、学生家庭掌握一线材料，积极参与区政协组织的各项考察、调研、学习培训等活动，积极发言，认真履行委员职责。近年来，我共提交关于教育均衡化发展、关注留守儿童、贫困学生资助等提案5份。

作为一名政协委员，建言献策是履职，身体力行更是本分。作为一名教育界委员，我坚信：教育就是行善。对于一些不幸的家庭，学校应该担当起守护的职责。为此，我带头捐款建立"峰之和教育基金"，先后资助留守儿童、困难学生182人次。2013年，四年级一班管容斐的父亲得了白血病，家中还有不到一岁的弟弟，母亲没有工作，原本活泼、优秀的孩子变得沉默寡言，成绩下滑。为此，我组织全体老师及家长委员会捐款三万余元，并积极为孩子申请贫困补助。作为学校，需要做的除了给孩子物质

上的帮助,更重要的是心理上的辅导,我也成了孩子的心理辅导老师,经常了解孩子情况,找孩子谈心。慢慢地,孩子父亲的病情稳定了,孩子内心坚强了、乐观了,而且成为学校少先队副大队长,并兼任岳峰小学"峰之行"小志愿者团的队长。我想,当孩子无助时,我们就是孩子的依靠,我们所做的任何事情都有可能改变孩子的一生。

为了更好地服务社会,我积极引领教师和家长参与到小荷公益、爱心人慈善协会等社会公益组织中,利用周末、节假日走访贫困家庭,帮助困难儿童,到乡村小学调研,为村小学建立图书阅览室,联系北京河马放映队为农村孩子免费放映3D电影,参与爱心义卖筹集善款资助乡村18名贫困儿童重返校园;带头捐款、捐物、捐书,联手小荷公益开展"爱心,只有一本书的距离"活动,为化马湾洪河小学捐建爱心书屋;为祝阳宋庄小学捐赠体育器械、图书等;积极响应区政协做出的关于扶困助残的倡议,专门到山口镇资助困难学生及家庭。我们所做的微不足道,但是爱心和责任却能为家庭贫困的孩子、需要呵护的孩子支撑起一片希望的天空。

在日常工作中,我深刻感受到成为一名政协委员,为我更好地做好工作提供了广阔的舞台,让我更方便地走进社区、走进家庭,广泛征求意见建议,提出了"一人受教育,幸福一个家庭,造福整个社会"的目标,并首先把广大家长纳入大教育的范畴,让教育的正能量扩散到家庭、社会。

基于此,我在全市率先成立"家庭教育工作室",设立"家长心声诉求中心",发放家校连心卡,开展家长驻校、家长义教、家长义工活动等,形成了"四级管理,区域联动"的家校共同体模式,引领家长开发社会实践家本课程,如爱心课程:组织五年级孩子到儿童福利院看望脑瘫的小朋友,到贫困家庭慰问有困难的学生,让孩子们深刻体会到一种社会责任感。今年暑假期间,我主动与环卫处联系,在征得家长的支持后,组织三年级孩子开设"走近环卫工"课程,孩子们在我们老师和家长的陪同下,凌晨4:00走上街道,帮助环卫工人打扫卫生,体验环卫工人的辛苦,增强创建卫生城市的责任感。社区服务、公益义卖、爱心资助,等等,像这样的活动还有很多很多。

学校是传播正能量的场所。一个人的力量是有限的,影响和带动身边人的力量是无穷的。我校有6人光荣地被评为岱岳区道德模范、岱岳好人、山东好人候选人。我个人也荣幸地被评为优秀政协委员。我们爱的事业正在延续着、扩大着。

二、立足岗位，以情聚心，当好学校发展的领航人

区政协组织开展的"双为双争"活动，就是号召我们立足岗位，争做优秀政协委员。我时刻以一名优秀政协委员的标准严格要求自己，当好学校发展的领头羊。

我秉承教师第一理念，依托教代会，成立工会委员会、学术委员会及各职能处室，商量式办学，民主治校。五年来，学校从只有87个孩子，12张办公桌，发展成为教学设施一流、教学质量一流、特色鲜明的全省最年轻的省级规范化学校，培养省特级教师1人，省优秀教师3人，泰山名师3人，市区教学能手达教师总数的40%以上。

习总书记指出，"教师应该是学生的筑梦人"。作为校长，更应该把学校建设成为每个孩子梦想开始的地方。我努力搭建平台，培养孩子的自主管理能力，以少代会为依托，建立校级、年级、班级不同岗位责任制。在岳峰，人人都是小干部，人人时时有事管，事事处处有人管。积极推行"登峰卡"激励式评价，积极开发登峰课程，在全市率先落实每天一节体育课，省市先后在我校召开中小学校园阳光活动现场会。通过四级课程开设，让每个学生在小学五年能够至少精通一门乐器，掌握一项运动技能，参加一个社团活动，培养一个终身受益的好习惯。多元化课程拓宽了学生成长的空间，学校峰之星足球队在今年全市中小学生足球联赛中荣获"双冠王"，在全省足球联赛中取得前六强的优异成绩。

我深知，一所没有共同愿景的学校，是走不远的。立足岳峰小学独特的区位优势和泰山文化熏陶，我提出了"让每一个生命挺拔如峰"的育人目标，以"山高人为峰"的人本教育思想为引领，让每一个岳峰人秉承"志存高远，登高必自"的岳峰精神，树立了"人人皆可教，人人可成才，人人能登峰"的教育观，恪守"永攀高峰"的校训，努力营造"负势竞上，千百成峰"的校风氛围，创建了特色鲜明的峰文化幸福教育品牌。学校先后被授予全国青少年校园足球特色学校，山东省规范化学校、优秀少先队集体，泰安市特色鲜明学校、教书育人先进单位等市级以上荣誉18

项，先后三次在山东省素质教育论坛上做典型交流。我个人先后获得全国目标教学优秀校长、山东省优秀教育工作者、市师德标兵、区模范校长等荣誉称号。

五年的时间并不长，但却包含着自己对教育的那份挚爱和坚守。宝贵而艰难的经历让我体会到了二次创业的艰辛与快乐，体会到了凝心聚力对学校发展的无穷力量，体会到了作为一名政协委员、一名校长的责任之重。无数个夜不能眠，无数个早出晚回，就是对自己身为一名政协委员、身为学校校长的最好交代。

我将在自己平凡的岗位上继续坚定地前行，奉献自己的一点一滴，我无怨无悔！

探索现代学校教育新机制，
提升学校峰文化品牌内涵

借此机会，就我校2016—2017学年上学期的工作及新学期的规划向各位进行简要汇报，不当之处，敬请指正。

一、上学期工作回顾：回首往昔登峰路

自上学期开始，学校已经步入"二五"发展的开局之年，学校围绕"文化引领，凸显主体，民主管理，科学发展"的思路，以家代会、少代会、教代会等为依托，构建现代学校教育的新机制。一学期以来，学校在"峰文化"引领下，着力提升"133"工程内涵，即围绕一个中心，把握三个主体，开展三大实验，也就是以"提供最适合的教育，让每一个生命如峰般挺拔"为核心，以"学生、教师、家长"三主体发展为思路，全力做好区教育局提出的写字育人、读书成长和特色发展三大实验，努力提升学校办学水平。

（一）实现教师发展的专业化

在教师专业发展上，学校依托教代会，成立工会委员会、学术委员会及各职能处室，商量式办学，民主治校，以"最近发展区"为导向，从"德、能、识"三方面为每位教师绘制最近发展和递进发展的登峰成长路线，开展幸福教育党员领航、青蓝结对、素养大赛等活动，力促教师专业成长。

教师的专业发展离不开教研。上学期，在教研教改方面，学校提出了"强化一个机制，实现一个目标，打造一个节日，用好一面旗帜，开展两个研讨，采取两种形式，抓实三个实验，搭建三个支点"的整体规划思路。

一个机制，就是有效落实常规检查的过程化、反馈评价的及时化、问题整改的跟进化，通过最佳常规推介树立榜样、明确标准、确保均衡。

一个目标，即把握内涵，提升素养，培养有专注力、会思辨、爱读书、写好字、善表达的学生。

一个节日，即以学科节日活动为平台，打造学科文化。语文、数学已经尝试开展了学科文化节，培养了学生的学习兴趣、教师的研究能力以及学生的学科素养。

一面旗帜，即发挥骨干教师、名师工作室的引领作用，力求人人竖起一面旗。

两个研讨，一是研讨导学案在课堂中的作用，二是研讨如何实现作业作品化，如数学学科思维导图、知识建构，语文学科儿童诗等。

两种形式，即两种教研活动形式，间周举行，一是校本教研活动，目的在于诊断和提升；二是课例研究活动，目的在于剖析和内化。

三个实验，即在抓好写字育人、读书成长和特色发展三大区级实验的基础上，数学学科开展好以专注力培养和右脑开发为主的珠心算实验和以智力开发为主的数学能力培养实验，已初见成效。

三个支点，即把握好问题引领、交互反馈和评价激励三个支点，提升课堂教学的实效性。

（二）实现学生发展的个性化

1. 创新评价形式。一是在新一年级设置"新生通行证"，力求通过趣味闯关、学长帮带和即时评价的形式，进一步规范新生入学教育，确保新一年级学生尽快熟悉环境、了解老师、融入集体，为学生的登峰成长做好铺垫。二是实行学生荣誉申请制度，以此引领学生发现自己的长处，树立自信，明确目标，实现自我激励式发展。最终的评价与"登峰卡"评价有机结合，实现评价的延续性。

2. 精品课程开发。在开全、开足、开好国家课程和地方课程的基础上，学校积极开发校本、家本课程资源，已形成四级课程体系，实现了国家课程校本化、地方课程整合化、校本课程特色化、家本课程体验化。学校落实每天一节体育课，形成了"1+4"体育教学模式，即每周一节常态体育课，同时开设足球课、花样跳绳课、乒乓球课和篮球课，力求让每个学生在小学五年能够至少学会一门乐器，掌握一项运动技能，参加一个社团活动，培养一个终身受益的好习惯。学校峰之星足球队在去年全市中小学生足球联赛中荣获"双冠王"称号，在全省足球联赛中取得前六强的优异成绩。学校有近四百名学生掌握了游泳技能。

3. 开设大阅读课程。为进一步推进阅读工程，学校与文友书店联合建成开放阅览室，确保阅读书目的及时更新和阅读活动的有效开展，特别是阅读书目的更新，解决了学校无法做到的定期更新问题。其次，学校为学生设计"阅读储蓄卡"，让学生在阅读积累中不断提升素养。

4. 课间活动主题化。实施课间活动每月一主题，每月一次达人赛评选，确保课间活动的有序和规范。

（三）实现家校共育的协同化

以家长代表大会为依托，构建家长委员会建设的新机制，形成"四级管理，区域联动"家校共同体模式。学校充分发挥四级家委会管理机制的作用，以片区联谊小组为落脚点，开展扎实有效的家校共育活动。全校上下牢固树立开放办学的思想，积极践行家长驻校指导、家本课程开发、示范家庭评选、督学评教等活动，真正让每一位家长成为教育资源的补充者、学校办学的监督者和学生个性成长的引领者。

（四）实现教育发展的信息化

作为全区教育信息化试点单位，学校以"统筹规划、分步实施、实践应用、融合创新"为原则，以管理机制和队伍建设为保障，以学校网络及信息化基础设施建设为基础，以信息共享和应用建设为重点，积极开展信息化建设工作。一是强化信息化教学设施建设。目前，学校18个教学班，10个专用教室，均配备交互式电子白板，配有电子绘画板60套。2017年，学校投资近24万元建成录播教室一间，为"一师一优课"活动提供了条件保障，学校第一批录课的15位老师全部被市级推荐。在阅览室建立电子阅览区，投资两万余元，配备3D打印机4台，户外触控一体机1台，为现代化教学和信息化宣传提供了支撑。投资三万多元建成微课制作室一间，实现了四种形式录制微课的功能。二是强化网络基础设施建设。学校已建成网络中心，实现了校内资源共享，无线全覆盖。三是强化信息管理平台建设。学校开通岳峰小学微信平台，并通过网络进行校内通知、新闻发布、信息交流，实现网络化管理。建成校园广播系统、校园电视台，实现了校内外宣传全辐射、最优化。四是依托泰安市教育云平台，积极开发校本资源，坚持平台建设和校本开发相结合。立足课堂教学开展翻转课堂、微课助学研究及应用，为信息化实施找准了立足点。

二、新学期工作规划：准确定位再扬帆

学校把2016年定位为"课程推进年"，将围绕"创新、协调、绿色、开放、共享"五大发展理念，以课程建设为统领，以提升教育质量为核心，以核心素养培育为目标，以严格过程管理、完善奖惩机制为抓手，强化课程意识，树立大课程观念；修订完善学校章程，建立少代会、家代会、教代会（工会）年会制度，充实完善校园文化氛围；以"学科节"贯穿全年工作；探索以项目负责制为主的工作机制，以年级为主的日常管理机制，以值日校长组为主的日常评价机制，以教研会为主体的教研机制，以共同体为主的合作学习机制，以一岗双责、权责一致为主的安全运行机制，努力健全完善峰文化品牌内涵。

新学期，学校将创新性地做好以下几方面工作。

1. 围绕"课程推进"这一核心开展工作，做好课程的"整合""开发"与"拓展"。

一是围绕国家课程和地方课程探索学科内整合，如语文学科尝试基于单元主题板块的课程整合，单元学习前提前下发预习导读，每单元只讲两篇课文，增加两节国学课程、两节习作课程、两节阅读课程等内容；数学学科尝试基于知识模块之下的课程整合，以一册教材为主体，以数与代数、图形与几何、统计与概率三个模块为分支，形成知识串，每周增加一节数学研究性学习课程。二是抓好学科节课程和社团精品课程的开发。采取项目负责、全员参与、过程评价的形式，开发语文节、数学节、英语节、艺体节、科技节、生命节、读书节7类学科节课程，形成常态化。三是创新课程形式，拓展课程内容。改变原来"晨诵、午写、暮读"的时间

及内容安排,每天下午开设"暮练"和"暮听"课程。

2. 围绕学习共同体建设,实现主体共赢。在教师层面,实现融合共进;在师生层面,实现教学相长;在家庭层面,实现片区联动;在家校层面,实现合力育人;在生生层面,实现同学同进,特别是在班级学习共同体建设方面,通过尝试班级学习共同体的重组,探索学生自主组合、分科走位的学习形式,激发学生学习的内驱力。

3. 立足学科知识框架建构,创新教学模式。在研读课标和教材的基础上,建构语文、数学、英语学科的知识体系,编印成册,让教师的教和学生的学融会贯通。学校提出"愉悦、灵动、共赢"为核心价值的课堂理念,努力构建语文、数学、英语等不同学科的课堂(活动)教学模式。

4. 实施数字化书香校园建设,拓宽教育空间。学校的一切资源都应该面向学生开放,新学期,学校将把电子阅览室建到连廊、建到教室,让教育信息化拓宽学生学习知识的内容和空间。

5. 创新登峰评价新机制,提升学生发展的向心力。新学期,学校将实行"荣誉申请、奖励兑换"的新机制,尝试在校园内运营小商品超市(主要是学习用品和书籍),由学生自主管理,通过荣誉申请获得奖励,通过奖励兑换商品,让登峰评价的形式时时吸引学生。

6. 在落实教学常规周查月汇总的基础上,进一步规范常规检查的机制。实行"X+1"常规检查模式,即每学期定期检查和抽查相结合,每学期一次最佳常规展示推介会,真正让每位教师树立"底线+榜样"的思想,通过强化常规管理,提升教育教学质量。

7. 深化教研活动的实效性。一是继续落实无课日大教研时间,采取教研活动项目负责制,确定教研活动的主题,落实定点观课议课,确保教研活动常态化。二是未来教育教论坛开展微书会、微故事、微讲座活动,确保校本培训的针对性。三是搭建"走出去,请进来"的平台,拓宽教师视野,汲取更多先进学校、优秀教师的经验和方法。

任何值得去的地方,都没有捷径。新的一年,我们将紧紧围绕教育局的工作要求,不断探索现代学校教育新机制,努力提升学校峰文化品牌内涵!

梦在峰顶心更远，路在脚下步更坚

——岱岳区小学教学质量分析会交流材料

2018年，学校按照区教研室小学教学工作计划，以"让每一个生命挺拔如峰"为核心，以"学生、教师、家长"三主体育人为主线，以培养"品体如岳，才智如峰"的岳峰学子为目标，确立"1134"工作规划，优化机制，搭建平台，夯实常规，坚持"管理育人、教研教改、质量提升"不动摇，努力践行区教育局"书写奋进之笔，昂首走在前列"的指示精神，实现教育教学工作再上新台阶。

一、优化"三项机制"，坚持管理育人不动摇

一是优化以目标激励为主的管理机制。目标是先导，全校上下树立"质量就是荣辱线，质量就是影响力"的思想，落实目标引领。学期初，学校在广泛征求广大教师尤其是毕业班教师的意见和建议的基础上，建立了学校、年级、学科组、教师四级教学质量目标体系，将教学质量目标逐层分解、落地生根。分管校长是学校教学质量目标的第一责任人，年级主任是年级质量目标责任人，学科教研组长是学科质量目标责任人，任课教师是任教学科质量目标责任人。划底线，竖梯子，目标明确，责任清晰，人人尽责，人人争先。

二是优化以项目负责为主的管理机制。进一步修订多型教师评价方案，实施项目负责制和年级团队管理制，让"人人有责、人人尽责"成为一种品质。成立学习共同体中坚团队，引领课堂改革的方向和进程；成立

学术委员会，强化常规管理的跟进监控与指导，筑牢常规底线，确保教学质量。

三是优化以协同发展为主的管理机制。在学生方面，主要是基于深度学习的学习共同体建设，实现互学互助。在教师方面，主要是基于同伴互助的教研共同体建设，实现互研互进。在家长方面，主要是基于有效参与的片区共同体建设，实现共担共享。

二、搭建"三个平台"，坚持教育科研不动摇

（一）搭建"学习思考"的平台，实现"学习内化"与"实践探索"有机融合

1. 读书成长。近两年全校教师开展"好书品读"活动，共读了《静悄悄的革命》《学校的挑战——创建学习共同体》《教师花传书》《跟随佐藤学做教育——学习共同体的愿景与行动》等图书，举行读书交流会，在反思中指导行动，不断探索学习共同体框架下的课堂教学新路子。

2. 外出学习。一年来，学校共安排40多人次赴福建、浙江、北京、上海参加学习共同体研讨活动，与佐藤学、余文森面对面交流，与学习共同体骨干教师同台竞技，交流互动、切磋提高。

3. 专家引领。学校先后邀请福州教育学院四附小林莘校长、浙江心湖小学章宏艳校长、上海学习共同体研究院陈静静博士、台湾新北市秀山小学张郁婕老师等专家到学校参与集体备课，指导课堂改革，引领学习共同体改革的方向。

（二）搭建"同心协力"的平台，实现"大教研"和"小教研"相辅相成

学校每周组织大小教研各一次。大教研方面，以无课日教研为载体，落实集慧式研究，开展主题式的校本教研活动，通过把握文本"定框架"、深研课例"促落地"、任务分配"成合力"、活动跟进"求提升"四部曲，把教研中心下移，切实提升教师的文本把握和教学设计能力。小教研活动，主要是在同学段备课组内开展，针对课堂精准教研。由教师研读教材初备——骨干教师说课再备——教师个人进行三次手写备课的方式，夯实集体备课；先由主备人上研究课，撰写反思，其他成员再进行复备完善，

夯实课堂主渠道；每周观评课，由关注教师到观察学生，夯实真实深度学习。教师不断改进自己的教学设计，在这种即时性教研中，促进教师间互学共进，均衡高位提升。

（三）搭建"展示交流"的平台，造就"今日有约"与"相聚岳峰"两大教研品牌

1. "今日有约"，即教师开放自己的课堂，随时接受家长、同事、领导及来宾的检验，实现了"推门听课"向"开门晒课"的自然转变。

2. "相聚岳峰"，即邀请省内外联盟学校优秀教师莅临学校交流研讨，实现了"论坛分享"与"智慧碰撞"双管齐下。以"相聚岳峰"研讨交流活动为载体，语、数、外三科每年各一次，目前已经举行三届。教师们广交朋友，扩大了交流与教研的空间与人脉，促进了整体的专业成长。

三、夯实"三个抓手"，坚持质量提升不动摇

（一）夯实教学常规这条根，为教育教学保驾护航

首先，我们把每学期开学的第一个月作为"常规规范月"，持续强化教学规范意识和常规管理底线。

其次，我们为每位教师提供一至五年级的全套教材、课程标准、知识体系、区编备课等资料，把教师手写教学设计、撰写教学反思以及学生作业中激励性评语的运用作为三项重点来抓，真正让每位教师教学有引领、有依据、有标准、有成长，抓实"三本一卷"。

第三，落实"三查一展"，把教学常规的三级督查与期末展评有机结合。所谓三级督查就是构建学术委员会、年级共同体、校长督查三级督查机制。学术委员会负责每周的常规检查，年级共同体之间间周一次互查互纠，校长督察室每月一次抽查。期末全体教师的常规展评就是集中全体教师的所有常规，通过晒一晒、评一评、整一整、学一学的方式，对其有一个总体评价。我们坚信，抓常规就是保底线，我们要做有始有终的教育。

第四，强化课堂教学的引领与创新。去年以来，学校启动对学习共同体课堂的深入研究，从"愉悦、灵动、共生"理念课堂构建入手，从学生座次改变开始，以专注力、倾听能力的培养为主要方式，以"倾听、串联、回归"为核心的学习共同体课堂形态已初步形成，学生真实而深度的

学习正在悄然发生。

第五，抓实名师义教与师生结对，夯实课后辅导。每逢课后与假期，教师的陪学伴读成为岳峰一道亮丽的风景线，实现了重点群体学习内容的日日清。

（二）牢牢把握质量监控这条线，为质量提升固基助力

一是落实"日清、周测、月考"制度。编印单元导图提纲、学案、周任务单等，实行当堂清，落实周测和月考制度，重在分析，查摆问题，制定措施，改进教学。

二是探索"信息化助学"有效机制。把基于"教育+互联网"的智慧校园建设作为切入点，智慧校园一卡通、物联网控制系统等已正常运行，为信息化应用奠定了坚实的基础。目前，各班级授课使用希沃助手、同屏展示、一卡通互动等，极大地提高了教学效率。

（三）牢牢把握评价创新这个魂，为个性发展引水拓源

在教师发展方面，我们通过多型教师评价激发活力，通过最近发展评价挖掘潜力，通过团队协同评价凝聚合力。

在学生评价方面，我们实行"亲子同登峰共成长"工程，把家长参与教育的情况纳入学生的发展评价，努力营造"家长好好学习，孩子天天向上"的浓厚氛围。

梦在峰顶心更远，路在脚下步更坚。未来之路，岳峰人将高举课改旗帜，努力走在前列，与兄弟学校一起，让岱岳教育更加亮丽！

建言献策，凝聚共识，绘就学校发展新样态

——岳峰小学第一届教职工代表大会第一次会议工作报告

我受校委会的委托，向大会做报告，请各位代表审议，同时，请列席会议的各位老师提出意见和建议。

一、2017—2018学年工作回顾

一年来，在区委、区政府的坚强领导下，在区教育局的正确指导下，学校以习近平新时代中国特色社会主义思想为指导，全面贯彻党的教育方针，严格落实区教育局"书写奋进之笔，昂首走在前列"的要求，紧紧围绕立德树人的根本任务，以完善与践行峰文化体系为主线，确立了"让每一个生命挺拔如峰"的核心理念，实施"学生、教师、家长"三主体育人策略，牢固树立"人人皆可教，人人可成才，人人能登峰"的教育观，努力培养"品体如岳，才智如峰"的岳峰学子，"拥有工匠精神＋教育家情怀"的名师团队，"懂教育、懂孩子、懂未来"的岳峰家长群体，努力打造"学生向往、教师幸福、学术认可、社会满意"的家门口的好学校。两校区互促共进，"峰文化品牌＋高铁速度"成为岳峰发展新引擎；幼儿教育翻开新的篇章，在打造泰山脚下"孩子喜爱、家长满意、社会信赖的品牌幼儿园"的路上砥砺前行。学校办学规模、效益、声誉日益提升。2017年学校获评山东省首届文明校园。

让每一个生命挺拔如峰

（一）强化党建引领作用，校区管理日趋完善，教师队伍蓬勃发展

"党旗引领筑新岳，不忘初心永登峰"，学校党支部认真贯彻党的十九大精神，三会一课制度化，志愿服务经常化，党员示范日常化，筑牢支部堡垒，统领"两区一园"的发展规划、过程管理、督查评估。在切实发挥好党组织的政治核心和战斗堡垒作用下，学校实行"一套大班子、三套小班子"的校区管理模式：学校成立一个大班子——校委会，作为全校中枢决策机构，各校区设执行校长，校区之间实现独立运行，协同竞争；考核评价，独立核算；财务管理，独立挂账；决策统一，制度共享；价值观统一，文化共享；管理统一，资源共享；科研统一，智慧共享，促进了学校管理水平和教育质量全面提升。

党支部重视搭建平台，打造过硬教师队伍，擦亮峰文化教育品牌，助力生命挺拔如峰。全校教师开展"好书品读"活动，共读了《学校的挑战——创建学习共同体》《教师花传书》等图书，举行读书交流会，不断探索学习共同体框架下的课堂教学新路子；一年来，学校共安排40多人次赴河南、福建、浙江、北京、上海参加学习共同体研讨活动，与佐藤学、余文森面对面交流，与学习共同体骨干教师同台竞技，交流互动、切磋提高；先后邀请福州教育学院四附小林莘校长、浙江心湖小学章宏艳校长、上海学习共同体研究院陈静静博士、台湾新北市秀山小学张郁婕老师等专家到学校参与集体备课，指导课堂改革，引领了学习共同体改革的方向；以"相聚岳峰"研讨交流活动为载体，邀请省内外联盟学校优秀教师莅临学校交流研讨，实现了"论坛分享"与"智慧碰撞"双管齐下；以青蓝结对为载体，以老带新共同成长，大小教研双线并行，校本研修扎实有效，教师素质不断提升。2018年，贾玲芝老师获评市最美教师，赵晶、张春、李娜、杨杰、尹延红、贾玲芝六位老师分别被评为泰山教育名家、泰山名师、泰山教坛英才、泰山英才班主任、泰山教学新星、泰山新星班主任；楚晓真、王相成老师在区师德演讲比赛中获一等奖。学校党支部获评泰山先锋红旗党支部。

（二）强化科研先导作用，常规管理扎实有效，课堂改革稳步推进，质量效益显著提升

一年来，学校按照区教研室小学教学工作计划，优化机制，搭建平台，夯实常规，坚持"管理育人、教研教改、质量提升"不动摇，实现了教育教学工作再上新台阶。

1. 优化以项目负责为主的管理机制。建立以教研组为主体的教研机制，各教研组学课标，抓教研，抓常规，促进教师专业发展的有效化；建立以值日校长组为主的日常监控机制，通过课间和广播及时反馈，确保学校运行的规范化；建立以年级为主的团队管理机制，在日常管理和评价表彰中均实行捆绑式评价，促进教师发展的协同化；成立学习共同体攻坚团队，引领课堂改革的方向和进程；成立学术委员会，强化常规管理的跟进监控与指导。

2. 优化以协同发展为主的管理机制。在学生方面，主要是基于深度学习的学习共同体建设，实现互学互助。在教师方面，主要是基于同伴互助的教研共同体建设，实现互研互进。在家长方面，主要是基于有效参与的片区共同体建设，实现共担共享。

3. 夯实教学常规。首先，每学期开学的第一个月作为"常规规范月"，让开学第一天就是听课日成为传统，持续强化教学规范意识和常规管理底线。其次，抓实"三本一卷"，落实"三查一展"，把教学常规的三级督查与期末展评有机结合，除了定期检查，还将安排不定期抽查。学校对检查结果的使用与教师考核挂钩，从制度层面加以约束，同时借助于激励机制，引领教师真正地将学科教学常规转变为自觉的日常教学行为。第三，强化课堂教学的引领与创新。启动对学习共同体课堂的深入研究，以"倾听、串联、回归"为核心的学习共同体课堂形态已初步形成，学生真实而深度的学习正在悄然发生，高铁校区二年级的学生已能实现两人对学。借助多种手段，激发学生学习的兴趣，如希沃软件的应用，电脑动画的制作，直播平台的使用等。第四，抓实名师义教与师生结对，夯实课后辅导。每逢课后与假期，教师的陪学伴读成为岳峰一道亮丽的风景线。张春、韩娟、赵晶为毕业班同学集体义教，彰显了岳峰教师的责任与担当。

4. 扎实做好质量监控。一是落实"日清、周测、月考"制度，重在分析，查摆问题，制定措施，改进教学。二是探索"信息化助学"有效机制。高铁校区把基于"教育+互联网"的智慧校园建设作为切入点，智慧校园一卡通、物联网控制系统等已正常运行，为信息化应用奠定了坚实的基础。各班级授课使用希沃助手、同屏展示等，极大地提高了教学效率。

5. 幼儿园定期组织教师集中观看幼儿教育专家讲座及授课视频，组织教师参与基本功提升活动，坚持每天班级反思研讨，每周一次简笔画练习，每周组织保教、保育教研活动，每学年举行一次基本功大比武。

2017—2018年度，小学、幼儿园均被评为泰安市教学工作先进单位。崔学强、尹延红老师获市混合式优质课一等奖，周燕、尹延红、郭靖、辛谦、袁传霞老师获省优课，李晶、赵玉玲、徐丽娟、陈梅老师在各类比赛中获一等奖。今年的区教师素养大赛，郭靖荣老师获一等奖第一名。

（三）强化课程育人功能，整合资源，多元开发，特色特长效果凸显

学校以课程开发为载体，努力实现"让每一个生命挺拔如峰"的育人目标，为孩子的幸福人生打下坚实的基础。

1. 阅读课程。①班级共读。学校制定班级读书计划，每班每月共读一本书，分年级举行趣味盎然的"读书分享会"，展示阅读成果，激发阅读兴趣。②"悦"读书坊。长城校区二年级二班和高铁校区二年级一班成立"悦读书坊"，指导学生和家长进行亲子阅读，利用周末走进图书室，走进大自然，让读书活动更具有生命力。长城校区二年级二班自办班报《博雅少年》，给学生提供展示的平台。③读书成果。在"仲夏奇阅记"读书活动中，学校以综合排名第一的成绩获得全国书香校园。10月份，学校读书成果亮相省教育装备博览会，书香校园建设成果博得各级领导、同行的交口称赞。同时，阅读考级已成为学校的常规性阅读活动。在考级活动中，本学年有800多名同学顺利通过，获得不同级别的证书。

2. 特色课程。①社团课程。本学期，校本部为学生提供了55个社团课程套餐。其中，新增设机器人、创客实验、陶艺、古筝、鼓乐、故事力等社团课程；高铁校区以小班化教学为研究方向，从一年级开始开设英语、信息技术、科学探究、机器人、围棋及葫芦丝等课程，开发社团课程22项，进一步实现了"提供最适合的、选择最喜欢的、争做最优秀的"目标定位。②第二课堂。校本部在第二课堂方面共开发篮球、足球、合唱、竹笛、国画等19门课程套餐，为有特长的学生提供了广阔的平台；高铁校

区开发7项课程，确保学生全员参与，体验既丰富又快乐的童年。③开设"混龄特色活动"。幼儿园为大中班孩子提供了12类课程套餐，通过自主选择，活动中同伴互助，孩子们的兴趣逐步提高，闪光点愈发耀眼。在六一儿童节展演中，孩子们为家长献上了一台别样的演出。④训练成果。在教师的高效指导和学生的扎实训练中，学校特色课程落地开花。学校男子篮球队在全国U10邀请赛中获得泰安市第一名，男女足在区足球联赛中双双夺冠；《剪窗花》等节目获得省中小学艺术展演一等奖；学生的书画作品在全国各级各类比赛中也取得了优异成绩。

3. 学科节课程。一年来，学校七大学科节课程顺利开展，通过一系列的体验活动，为校园注入了新的学科元素与热情。校本部开展的科技幻想化创作大赛，展现了学生超强的想象力和创作热情。高铁校区充分发挥片区联谊形式，开展研学活动，如走进秋天游园，走进科技馆，周末学生秀等，为学生的兴趣培养、素养提升奠定了坚实的基础。

（四）强化德育为首意识，全员参与，注重体验，少先队建设成效突出

1. 常规管理抓严做细。学校以少代会为依托，建立校级、年级、班级不同岗位责任制，在岳峰，人人都是小干部，人人时时有事管，事事处处有人管。在学生主体发展上，学校实施赏识教育，推行"卡章杯，两档案"登峰评价体系，设置峰之翼自助超市，学生的争章争卡积极性有了明显提高。德育处对卫生、路队、纪律各岗位以小义工的形式进行招募，通过岗前培训、每周例会，与值日校长检查相结合，参与到常规管理活动中。高铁校区还开展了岳峰少年说、小小演说家等活动，让每个学生都有参与的机会。

2. 常规活动追求实效。每月"最美教室"评选活动，放大了班级的闪光点，增强了班级的凝聚力；少先队小家务，有效地促进了学生争当班级小主人的热情；班主任论坛通过经验分享、问题交流等形式，让新班主任找到了方法。高铁校区充分利用登峰评价体系，促进学生成长，如利用升旗仪式的峰文化渗透，利用主题班会的安全宣讲，与学科节相结合的主题活动，让学生充分参与，充分体验。

3. 节日活动张扬个性。本着"以活动张扬个性、以活动促进成长"的

让每一个生命挺拔如峰

原则，德育处通过组织丰富多彩的节日活动与主题活动，培养爱祖国、爱劳动、有爱心、懂感恩的新时代好少年。结合文明城市创建环保主题及3月5日学雷锋日，开展"学雷锋"主题月活动；结合三八妇女节开展"感恩护蛋行动"；清明节开展"追寻烈士的足迹，传承民族的精神"主题活动；端午节开展"我们的节日"主题活动；国庆节将节日与学科相结合，分别开展国庆与数学、国庆与语文、国庆与社会等活动，引领全体岳峰少年走出校门，走入社会，增长学科知识，培养爱国意识。岳峰幼儿园在十一国庆节开展"我爱我的祖国"活动，秋末开展亲子创意美工主题活动，重阳节开展"敬老爱老"活动，元旦开展亲子游园活动，三月开展探索春天主题活动，妇女节开展"我的好妈妈"亲子活动，端午节开展"浓情端午"活动，六一开展文艺汇演活动。主题活动的开展，不仅仅是促进幼儿的发展，锻炼教师的能力，更增强了亲子沟通、家园关系的和谐发展。

4. 少先队组织建设更加完善，阵地建设逐渐规范，活动更加丰富多彩。学校先后承接了省、市、区优秀少先队辅导员现场会，组织召开了第三次少代会。在全国动感中队创建活动中，"梦想中队"荣获全国动感中队荣誉称号，贾龙跃获评山东好少年，邵莹老师获评泰安市优秀少先大队辅导员。

（五）强化安全底线思维，夯实"四防"建设，安全防线得以巩固

安全工作无句号，天天都是零起点。老师们时刻把学生装在心里，牢固树立安全红线意识、底线思维，努力夯实"人防、物防、技防、心防"，积极开展家校、警校共建活动，加强校车管理，预防交通事故发生。落实"一岗双责"，常态化开设安全课，定期开展安全教育及隐患排查与处置，坚持每月一主题，每周一专题的安全应急演练，每月定期下发致家长的一封信，开展"安全伴我在校园，我把安全带回家"活动，形成了良好的安全教育效果。开展季节性传染病防治知识、饮食卫生安全知识、防校园欺凌等宣传，增强师生的防范意识，提高应对突发事件的能力。在"心防"方面注重思想引领，强化师德建设，杜绝体罚、心罚等事故的发生。重视心理健康辅导，两个校区均已建立标准的心理咨询室，鼓励教师参加心理咨询师、家庭教育指导者培训等活动，同时聘请专业人员定期对师生、家

长进行心理防范培训。学校被评为山东省交通安全示范校，泰安市心理健康示范校，泰安市平安和谐校园。

（六）强化合力育人作用，创新亲子共登峰，完善家庭教育举措，家校共育有新突破

学校高度重视家园共育工作，提出了"1246"家校社共育发展思路。其中，高铁校区率先成立了家长学校，每月一主题，向家长传播正确的育儿知识，现已成功举办四期家长讲堂；岳峰幼儿园通过成立新一届家长委员会，开设家园共育栏，开展"爸爸课堂""家长义工""小手大手亲子创意作品""家长开放周"等主题活动，密切家园联系。2018年，幼儿园荣获山东省第一批百所家园共育示范园荣誉称号。

（七）强化服务意识，工会、后勤、宣传等工作保障有力，智慧校园建设、校舍改造初步完成

校本部更新了短焦投影仪等多媒体设备，建成了校园智慧管理系统、超星电子阅读系统、快乐习字系统和校园智能广播系统。高铁校区以物联网为基础建成智慧校园，设有数字书法教室、创客实验室、3D打印室、计算机云桌面、机器人教室、科学探究室和心理健康教育中心等，实现了无线网络全覆盖，将教学、科研、管理和校园生活深度融合，每间教室都是智慧化教室，电子班牌，智慧黑板，班班实现物联互通。两个校区实现远程巡课，互动教研，为下一步推进教育信息化和课堂教学的深度融合，实现学校办学的数字化、信息化和现代化插上了腾飞的翅膀。

学校成立了工会组织，规范了教师福利待遇、权益义务的落实；牵头成立了学校幼儿园膳食管理委员会，按照相关要求，顺利完成了食堂业务的托管服务及日常的监督检查工作；积极筹备了此次教代会的各项准备工作。工会组织的建立与教代会制度的确立是实现学校现代化治理机制的重大突破。

学校的后勤工作坚持为教育教学服务，为师生生活服务的宗旨，做好校舍、设施定期排查、及时修缮工作；做好保险、学生装等各类代办业务；逐步构建适应我校办学实际的经费使用模式，严控易损易耗品的支出，扩大教育教学科研经费空间，保障学校重点项目建设；通过多方筹措资金，新建教学楼已如期交付使用，有效解决了超大班额问题，促进了幼

儿园规范化建设。宣传工作是社会了解学校的重要窗口，也是学校和社会沟通联系的重要桥梁。2018年，宣传工作紧紧围绕学校中心工作，在国家级报刊发表6篇，省级24篇，市级80篇，区级183篇，学校连续三年被授予区教育宣传先进单位。

一年来，学校先后被授予山东省首届文明校园、山东省家庭教育示范基地、山东省绿色学校等荣誉称号；承办山东省教育科学规划课题推进会、"相聚岳峰"三省四校共同体课堂研讨会、山东省小学家庭教育指导骨干校长研讨暨家校共同体建设推进会、山东省信息化课题研讨会、山东省少先队工作现场会等活动；先后迎接英国校长访问团，泰安市老干部、岱岳区老干部视察教育活动，泰山天山心连心联谊活动，济南市、淄博市、滨州市、潍坊市等教育考察团交流活动，与市内外七所学校签订友好协议。岳峰声音不断唱响，我代表学校在省家庭教育指导校长研讨活动上做了题为《幸福教育人为本，家校携手共登峰》的主题报告，在泰安市首次小学教学工作会上做经验介绍，张春校长在省教学团队研修班上做了岳峰发展规划报告，夏法国校长在中国陶行知研究会信息化教学工作会上做了岳峰经验介绍，徐宗官校长在全省家庭教育指导师培训会上做了岳峰经验介绍，尹延红校长在全国目标教学研讨会上做了基于目标教学的学共体课改经验介绍。

在充分肯定成绩的同时，我们也要清醒地看到，学校还面临着诸多困难与挑战，主要表现在学校竞争日趋严峻，办学办园境界与层次还比较低；教学质量、特长培养有待进一步提升；学校管理还存在诸多盲区，拖沓、推诿、应付现象依然存在；师生登峰评价体系需进一步完善；校园文化建设层次需进一步提升；教师办公生活条件需进一步改善；专家型教师培养、名师团队建设需大幅度加强；家长素质、家校关系参差不齐；安全隐患不可掉以轻心，等等。所有这些问题，都需要我们慎思明辨，审时度势，明确方向，凝聚共识，采取切合实际、行之有效的措施，认真加以解决。

二、发展目标及工作举措

未来三年，学校将紧紧围绕"让每一个生命挺拔如峰"的核心目标，以"1134"工作思路为引领点,以培养"品体如岳,才智如峰"的岳峰学子为落脚点,以内涵发展、课堂改革、质量提升、管理优化、家校融合为生长点;聚焦问题导向,夯实常规管理,实施精准发力,书写奋进之笔,昂首走在前列。请大家认真审议学校2019—2022三年发展规划,建言献策,凝聚共识,绘就学校发展新样态。

(一)2019年度工作目标

"0"即确保安全零事故,师德零违反,各类检查零失分;

"1"即确保在区直学校教育综合督导中保持第一名的优异成绩,各类赛事确保区级第一,力争市级第一;

"2"即确保在教学评估中保二争一,小学、幼儿园均取得市先进荣誉称号;

"3"即争取举办省、市、区三级现场会;

"4"即促进教师在素养大赛、教学能手、递进工程、科研课题素养方面有突破,促进学生书写、计算、阅读、特长素养方面有突破;

"5"即学共体改革在"安静课间成常态、倾听习惯养成好、教师走进学生间、实验团队再拓展、学共课堂成雏形"五方面显成效;

"6"即课程建设在"品牌、形式、内容、拓展、创新、评价"出特色、成体系。

(二)工作举措

1. 在"统一规划、分区实施、校区融合、特色发展"的校区管理提质增效机制的建立方面精准发力。

一是进一步强化党支部的战斗堡垒作用、统筹规划能力与校委会的执行力落实力度,增强全体管理干部干事创业的责任感和担当意识;实行点线面结合管理法,即点要到位,个人业务示范引领;线要到底,深入包保学科,聚力项目负责;面要到边,聚力分管领域,避免出现盲区。二是深入挖掘教师潜力,打造特色学科或特色项目,校本部在内涵发展上求突破,新校区在信息化、智慧化应用上求特色,幼儿园在混龄教学、传统游戏上下功夫。三是各校区之间在教研融合上下功夫,实现各校区齐头并进、全面发展的目标。

2. 在促进教师德艺双馨,培养领衔人物,打造名师团队方面精准发力。

①落实师德师风第一标准，坚持全员全方位全过程师德养成。培植师德典型，年度评选感动岳峰人物和岳峰好教师，实行师德考核负面清单制度，持续开展在职教师参与有偿补课专项治理活动，防止教师队伍中出现"微腐败"现象，让教师更幸福、更有尊严地做教师。

②制定培养规划，成就名师团队。制定"三级六阶"的13510教师成长计划。其中三级为：岳峰新星、岳峰骨干、岳峰脊梁。六阶为：岳峰新星的入职培训和入规培养，岳峰骨干的入格培养和升格培养，岳峰脊梁的建格培养和风格培养。通过研修学习激发内驱力、校内青蓝结对以老带新、对外聘请专家引领促优，通过请进来走出去、校本研修、大小教研、集体备课、课例研究等方式，竭力为教师专业成长搭台子、竖梯子、引路子。年内争取优秀课例编辑成册，教师有核心期刊文章发表及专著出版。

3. 在整合多方资源，提供教育套餐，完善岳峰课程体系，提升学科质量与专业特长方面精准发力。

①尝试课程整合，助力质量提升。各学科基于课程标准，尝试学科内部和学科之间的整合。学科内部通过研究单元主题教学，从课程目标、课程内容、课程实施及课程评价对"教学单元"进行细致的研究。学科之间整合就是以学生的发展为基点，实施主题课程，如四季课程、泰山文化、泰山名人等，学科融合，课程再造。

②集中优势资源，开发特色课程。充分发挥专任教师、家长资源以及社会专业人员的作用，选择最具特色的社团课程进行重点打造，形成区域内有一定影响的社团课程；开发长线研学主题课程，围绕研学主题，开展一系列的展示、探究活动，让学生在持续性研究中，增长学习力。

③实施阅读课程，打造书香校园。开展"7彩"阅读规划，实现"1213"阅读目标，即每周1节阅读课，5年完成至少2000万字的阅读量，每天背1首古诗，5年能精通至少300首古诗。

④确立质量目标主体，鼓励人人争先、团队共进。确立学校、年级、学科组、教师四级教学质量目标，分管校长是学校教学质量目标的第一责任人，年级主任是年级质量目标责任人，学科教研员是学科质量目标责任人，任课教师是任教学科质量目标责任人。探索年级备课组捆绑式考核机

制,倡导协同共进,目标明确,人人尽责,集体争先。

4. 在实施心理与行为干预,保护儿童身心健康,夯实安全常规,打造"稳如泰山"的安全品牌方面精准发力。

①构建心理健康、家庭教育防御屏障。学校为教师心理咨询师与家庭教育指导师培训提供经费支持,形成学生心理健康教育教师团队,尽快建立岳峰讲师团;充分利用阳光驿站开展活动,解决师生心理困惑;定期开展儿童尤其是女童保护自护活动;开设家长讲堂,为家长育儿提供指导。

②以峰之盾安全体系为依托,开展好安全常规活动。牢固树立"安全是天"意识,切实强化四防建设,切实夯实安全教育、安全演练、隐患排查、家校合作,营造平安和谐氛围。

5. 在构建"愉悦、灵动、共赢的学共课堂",提升家长素质,促进家校共同体建设方面精准发力。

①把推进学共体改革作为岳峰共识,力挺行政推动。筹集课改资金,成立课改团队,以问题研究为导向,以课例研究为载体,与名校结盟,融入课改组织,定期召开校际交流、挂职培训活动,提升教师学习共同体理论水平和实际操作能力。

②开办家长学校,提高家长整体素质;开展培训活动,提升教师家校沟通的能力;编写校本教材,针对家长存在的困惑、问题,有针对性地进行指导。

6. 在改善育人环境,充分发挥资源优势,强化服务育人,提升教师幸福指数方面精准发力。

学校管理干部要切实树立教师第一的理念,解决教师实际问题,如设立温馨餐厅、解决车位、改进饮水设施、设立活动室、设立妈妈小屋、生日祝福等;及时进行教学设施维护,确保教学及办公设施的正常应用,提供最贴心的服务;开展丰富多彩的教师文体、学习活动,如教师外出采风、岳峰好声音、教师特长培养、名校挂职、养生讲座等,尽力提升教师幸福指数。

7. 在提升班主任专业素养,凝练德育品牌方面精准发力。

①双线并行,提升班主任专业素养。利用班主任例会时间,开展"问题驱动、主题引领、榜样带动"的德育沙龙,聚焦小问题,开阔大思路,

同时开展班级管理微书会，使班主任的学习从理论到实践，做好双线并行。

②活动奠基，凝练铸就德育品牌。本着全员育人的原则，立足学科德育内容，挖掘节日课程内涵，夯实德育活动的全过程，以活动为载体，抓落实，重评价，求创新，把德育活动中的每一个细节作为品牌创建的切入点，全面构建峰文化体系中的德育亮点。

我们是岳峰教师团队的优秀代表，责任重大，使命光荣。第一届教代会，既是现代学校治理的新标志，也是岳峰发展的新起点。我们站在第一接力区，务必不忘初心，握手成拳，撸起袖子加油干；务必高位谋划，优质发展，戮力同心谱新篇。峰文化引领领人生幸福，三主体育人育生命挺拔。顾明远先生曾为我校欣然题词："教育就是让人变得强大！"这一直是我们的教育追求和目标，始终把学生装在心中，把教师推向前方，把家长拉到身边，努力谱写岳峰发展的奋进之笔，让每一个生命挺拔如峰！

峰 之 声 ——宣传报道篇

《说文》曰:"声,音也。"声因振动而生,心因声而动。岳峰声音不断唱响,对外宣传日趋广泛,品牌特色日臻丰盈。峰之声主要摘录了学校发展过程中的宣传和报道篇目。

家校同行，共育成长

——山东省泰安市岳峰小学家校共育实践探索

山东省泰安市岱岳区岳峰小学位于泰山脚下，背靠泰山第二主峰——傲徕峰，校名岳峰由此而来。学校先后被授予全国优秀传统文化进校园试点学校、全国首批青少年校园足球特色学校、山东省规范化学校、山东省教师远程研修先进单位、山东省优秀少先队集体、山东省健康示范校、山东省绿色学校、山东省文明校园、泰安市特色鲜明学校、泰安市课程与教学先进学校、泰安市家庭教育先进单位等荣誉称号。

苏霍姆林斯基说："教育的效果取决于学校和家庭教育影响的一致性。"家长应该成为教育资源的补充者、学校办学的监督者、学生个性成长的引领者和学校教育的同盟军。家庭是教育的根基，学校是教育的主干，而家庭和学校共同营造的环境，犹如孩子成长的阳光、空气、土壤，唯有根牢、茎实、环境到位，才会取得好的教育效果。基于此认识，岳峰小学多途径开展家校共育，以期实现家校同心、同向、同行、同力，达到共识、共担、共创、共赢。

一、多途径培训，引领家庭教育方向

家校共育中，学校教育引领家庭教育的方向，为家庭教育提供科学指导。岳峰小学开展多种形式的家长培训，向家长传授科学的教育方法与理念。"三训"是家长培训的三种形式，即纵向引领、横向互助和外力提升。

纵向引领培训是基于媒体的自学式培训，学校借助《家校共育手册》

《岳峰少年》校报和微信平台，推送家庭教育的好经验、好做法，以及学校的教育思想、办学理念、培养目标、教育动态等，引导家长准确把握家校共育的聚焦点，明确家庭的基本教育职责。

横向互助培训主要针对家庭教育中的困惑，开展主题式培训，学校注重发挥优秀家长的引领作用，采取家长交流会、家庭教育沙龙等形式，鼓励家长间的同伴互助、共同提高，先后推荐70余位家长作家庭教育典型交流。

外力提升培训主要是邀请市内外教育专家针对不同学段的家长开展递进式培训，如新生入校第一天，学校便对新生家长进行培训，一个学期之后，对一年级家长进行跟进式培训指导，增强家长教育孩子的信心，提升家庭教育的水平。近年来，学校先后邀请近20位专家走进校园，为家长答疑解惑。各类培训让家长了解了更科学的家庭教育知识，提高了家长的整体素质，家庭教育效果显著提高。

家庭氛围既是进行家庭教育的前提条件，也是一种积极有效的教育方式。父母的第一使命，就是为孩子提供一个好的家庭环境。为此，学校倡导每个家庭做到"四个一"，即营造和谐向上的育人环境，为孩子提供一张书桌，一个书橱，一个独立学习空间，一部适合孩子读的名著。学校还通过示范性家庭评选活动，推动书香家庭、文明家庭、公益家庭建设。目前，共有300余个家庭被授予"书香家庭"荣誉称号，有210个家庭被评为"文明礼仪示范家庭"，有150个家庭被评为"爱心公益家庭"。

二、多极化管理，构建家庭教育网络

学校遵循"依法办学、自主管理、民主监督、社会参与"的要求，以现代学校制度建设为抓手，以家长代表大会为依托，形成了"四级管理，区域联动"家校共同体模式。

所谓"四级管理"，是指家长委员会的四级组织机构，即学校家长委员会、年级家长委员会、班级家长委员会和片区联谊小组，形成了以"学校家委会为引领，年级家委会为组织，班级家委会为核心，片区小组为主体"的四级管理网络。

所谓"区域联动"，是指把班级家长委员会作为最基本、最核心的单位，同时每个班根据学生的家庭住址，按照"就近与自愿"的原则划分5

至8个片区，形成片区联谊小组，由片区组长负责组织开展片区教育活动。"区域联动"一方面可以优化组织，做到了片区联系"零"盲区，每个片区每个家庭都能在最短的时间内取得联系；另一方面为发挥不同家庭的教育资源优势搭建了平台，真正给片区的每一个家庭提供学习、交流、合作的平台，以优秀的家庭教育资源引领每一位家长不断改进家庭教育方式，以点带面，辐射整体；同时也发挥了片区的监督和教育优势，在学生安全管理、学校教育落实等方面达到家校同步、同效。

学校依托"四级管理，区域联动"家校共同体，落实"谋、助、联、学、行、督"六字方针，实现了片区联系"零"盲区、家庭交流常态化、安全管理同步走、资源开发有成效的目的，真正形成了"上下联动，组织有序，职责分明，覆盖整体"的家庭教育网络。

三、多渠道交流，增强家校共育实效

家长驻校。为了让家长深入了解学校，了解孩子，形成教育合力，岳峰小学坚持开展"家长驻校"活动。家长自愿申报，家委会统一安排，每天2至4位家长，全方位、全过程、全时段参与学校管理，深入了解学校各项管理工作，如随堂听课、安全监控、食堂管理、后勤指导、列席会议及家长意见征集等。每天的值日校长主动与驻校家长交流驻校情况，吸纳意见和建议，真正让家长们成为学校教育的宣传协理员、信息反馈员、义务监督员。

家长评教。学校坚持开展每学期一次家长评教活动，由家委会设计评教内容和标准，通过微信评教的方式民主评议，学校将评教结果作为改进教学管理，落实满意度考评的重要依据。

全员家访。每学期开学前的全员家访已经成为学校的一项不成文的制度，实现了"家家访、户户到、人人见"。教师通过深入学生的家庭，真正了解学生的家庭环境、家庭背景、日常表现、存在问题，为实施有针对性的教育掌握了第一手资料。

家校座谈会。学校确立了家长代表大会年会制度，目前已举行四届，通过家委会总结交流一年来的工作，听取学校工作报告及提案答复，形成新学年家长委员会工作决议，以此引领家委会工作有序运行。同时，会议

还对优秀片区组长、优秀家长志愿者进行表彰，树立榜样，充分调动家长参与教育的积极性。

家长征集与撰写提案是参与学校民主管理的重要渠道，七年来，学校共收集家长意见和建议300余条，对于家委会提出的开放操场、图书室，开设足球俱乐部，规范校门口车辆停放秩序，饮水问题，礼让斑马线行动等问题及时予以解决，增强了家长对学校的认同感与支持度。

课程开发。学校已形成"447"课程体系，在实现国家课程校本化、地方课程整合化、校本课程精品化的基础上，努力探索家本课程的体验化，并着力打造家本课程引领下的实践体验课程和家长义教课程。

一是开发以实践体验为主的研修课程。学校充分发挥片区联谊小组的作用，探索开发实践体验课程，作为校本课程在周末和节假日等校外活动时间的延伸。如四年级三班五环片区开发了"社会公益体验课程"，救助白化病孩子、为贫困山区的孩子们捐赠图书、参加公益义卖等，让孩子们在活动中懂得了爱与被爱的幸福，体会了孝敬父母、帮助他人、爱护环境、关心社会的意义与价值。

二是开发以家长为主体的义教课程。充分发挥家长的职业特点、兴趣特长，为学生提供丰富的教育资源，从内容上涵盖了特长培养、传统文化、文明礼仪、卫生保健、安全防护、价值取向等诸多方面，从形式上包括了班级义教、社团义教和年级义教等。目前，共有378名家长走上讲台，为学生带去了各行业的知识和技能。

"有时间，做义工，有需求，找义工"已成为家长们共同的心声。几年来，家长参与志愿者活动已达85%以上，他们用行动影响着孩子们的志愿者精神。岳峰小学"峰之行"志愿者团队被授予泰安市优秀志愿者团队称号。两年来，由家长委员会组织开展的"泰安好司机，礼让斑马线"等活动已成为学校在创建文明城市行动中的亮丽风景。

家庭是人生的第一所学校，家庭教育是教育的起点，家长是学生的第一任老师，家庭教育对个人发展影响最深。岳峰小学以学生发展为宗旨，全方位、多途径开展家校共育实践，提升了家庭教育的有效性，形成了家校教育的合力，促进了学生的健康成长。

——原载于《教育文摘报》（撰稿：谢清田　王小五）

用文化引领发展，让生命挺拔如峰
——记山东省泰安市岱岳区岳峰小学文化兴校之路

  岳峰小学始建于 2010 年 9 月，是泰安市委市政府为民要办的十二件实事之一和岱岳区委区政府重点民生工程，现已发展成一所拥有"两区一园"的省级规范化学校、省级首届文明校园。说起岳峰小学名字的由来，那可是大有深意。其一，泰安历史文化名人萧大亨，号岳峰，以他的号命名，体现了泰山和岱岳的历史文化特色；其二，岳指泰山，峰指高而尖的山头，岳峰寓指学校办学永攀高峰，积极向上。

  建校八年来，学校以"峰"文化品牌创建为抓手，坚持以"让每一个生命挺拔如峰"为核心，以"学生、教师、家长"三主体育人为载体，恪守"永攀高峰"的校训，营造"负势竞上，千百成峰"的校风氛围，牢固树立"人人皆可教，人人可成才，人人能登峰"的教育观，努力培养"品体如岳，才智如峰"的岳峰学子。学校先后被授予全国优秀传统文化进校园试点学校、全国首批青少年校园足球特色学校、山东省规范化学校、山东省首届文明校园、山东省教师远程研修先进单位、山东省健康示范校、山东省绿色学校、泰安市特色鲜明学校、泰安市课程与教学先进学校、泰安市家庭教育先进单位等称号。今天，我们来详细了解一下，从强手如林的山东教育界脱颖而出的岳峰小学到底有何不同？

一、以文化立校为根基，打造学校文化新内涵

环境对人的重要性自古就为先人们所重视。"孟母三迁""近朱者赤，近墨者黑"无不在告诉后人，环境对一个人的成长、人格的塑造有着重大的影响。21世纪的今天，环境更成为每所学校，每个教育者共同关注的重要因素。岳峰小学本着"以文化立校，用精神塑魂"的宗旨，围绕"峰"文化理念，精心建构了独一无二的环境文化体系。

学校从泰山文化、校名中挖掘教育基因，以"立德树人"为引领，以"让每一个生命挺拔如峰"为核心目标，以"永攀高峰"为校训，以"负势竞上，千百成峰"为校风，让每一名岳峰学子学会做人、学会求知、学会健体、学会审美、学会创造、学会合作。学校打造"四岳一馆"的建筑格局和"五苑四路三场两壁一廊"景观特色，集绿化、美化、亮化、园林化为一体，融校园、家园、书香园、科技园、生态园于一身，形成了系统的花园文化、道路文化、广场文化、墙壁文化和连廊文化。学校充分发挥连廊的建筑特点，建成以"践行社会主义核心价值观"为导向的红色文化长廊，以"养习立德"为核心的文明礼仪长廊，以"四德五爱"为核心的德育长廊，以"琴棋书画"为核心的传统文化体验长廊，校园的角角落落、时时处处充满育人的正能量。学校开展"入境教育""开笔礼""成童礼""出学礼"等礼仪活动，在浓厚的仪式感中增强学生对传统文化的体验。通过不同方式渗透引导，峰文化理念已经成为全体岳峰人的共识，更是每一个岳峰人奋勇登攀的航标。学校先后在山东省素质教育论坛、山东省教育学会教育管理专业委员会智慧论坛上做典型发言，更被授予全国优秀传统文化传承学校称号。

二、以课程推进为核心，拓宽学校教育新渠道

课程、课堂永远是学校教育的主要阵地，教育的变革最重要的必定是课程改革！岳峰小学把课程开发和整合作为实现育人的重要途径，开全、开足、开好国家课程和地方课程，积极开发校本、家本课程资源。目前，以重习惯、提兴趣、促益智、强技能为宗旨的"447"课程体系已经形成。

第一个"4"是指四级课程，实现了国家课程校本化、地方课程整合

化、校本课程特色化、家本课程体验化。

第二个"4"是指校本课程的四大种类。一是以素养发展为主的艺体课程,落实每天一节体育课,每班每周一节足球课,实行体育课教学"基础+特色"模式,有针对性地开设常规体育课、足球特色课、乒乓球训练课、三棋基础课。在开发《快乐口风琴》《趣味葫芦丝》等艺术类课程的基础上,整合课程资源,在音乐课上渗透少先队鼓乐教学,在美术课上渗透剪纸和绳艺教学。二是以习惯养成为主的德育课程,以小公民教育为核心,开发了路队课程、升旗课程、安全课程、环保课程、生命课程等德育体验课程。三是以特长培养为主的社团课程,为学生提供47项社团课程套餐,新增STEM、创客实验、茶艺、陶艺、戏曲等课程,落实"快乐星期四"选课走班模式,实现了"提供最适合的、选择最喜欢的、争做最优秀的"目标。每学期,学校通过开展"校本课程展示周"活动,对各项课程进行阶段性考评。四是以实践体验为主的研修课程,主要分为三种形式:片区联谊研学,由片区家长联谊小组开展的研学课程;期中校级研学,分年级、分内容开展的校级研学活动;假期社会研学,由社会组织机构设计并组织的社会研学课程。丰富多彩的实践课程,不仅让孩子们增长了见识,拓宽了视野,更重要的是培养了学生的公民意识、团队精神和责任担当。

"7"是指七大学科节课程,即语文节、数学节、英语节、艺体节、科技节、生命节、读书节,贯穿全年教育始终,提升学生的学科素养。通过丰富的课程资源,创造适合孩子的课程、梯度和平台,力求让每个学生在小学五年能够至少精通一门乐器,掌握一项运动技能,参加一个社团活动,培养一个终身受益的好习惯。

三、以管理机制创新为载体,助推学校发展新成效

学校以管理机制创新为载体,进一步修订完善学校章程,建立少代会、家代会、教代会年会制度,积极探索以项目负责制为主的工作机制,以年级为主的日常管理机制,以值日校长组为主的日常评价机制,以教研组为主体的教研机制,以共同体为主的合作学习机制,以一岗双责、权责一致为主的安全运行机制,助推学校发展新成效。

夯实常规管理，完善"章程办学"机制。学校建立以教研组为主体的教研机制，各教研组学课标，抓教研，抓常规，促进教师专业发展的有效化；建立以值日校长组为主的日常监控机制，通过课间和广播及时反馈，确保学校运行的规范化；建立以年级为主的团队管理机制，在日常管理和评价表彰中均实行捆绑式评价，促进教师发展的协同化；建立以安全为主题的红线意识、底线思维，积极开展家校、警校共建活动，落实"一岗双责"，坚持每月一主题，每周一专题的安全应急演练，形成了良好的安全教育效果。

凝聚主体融合，组建"共同愿景"机制。学生、教师、家长之间应该是互相促进生命成长的和谐共美关系。学校发挥"三主体"育人的作用，把学生装在心里，培养"品体如岳、才智如峰"的岳峰学子；把教师推向前方，培养拥有"工匠精神+教育家情怀"的教师；把家长拉在身边，培养"懂教育、懂孩子、懂未来"的家长，让学生、老师、家长在不同层面、不同领域发挥主体作用，实现让每一个生命挺拔如峰的美好愿景。

加强家校沟通，建立"三联三训"机制。学校把促进家庭教育均衡纳入重要工作议程，实施"三联三训"机制。"三联"就是家校沟通的三条途径。一是对口沟通，向每位家长发放"家校连心卡"，设立"家长心声诉求中心"，及时了解家长对学校的合理化建议。二是即时沟通，充分利用校讯通、班级在线等方式，即时与家长有效沟通学生的在校情况。三是定期沟通，通过"致家长的一封信"、全员家访，了解孩子的家庭状况及在家表现，拉近家长和学校的距离。"三训"就是家长培训的三种形式。一是纵向引领培训，通过《家校共育手册》《岳峰少年》校报及学校网站中的"家教空间"，对家长进行现代家庭教育的通识培训，引导家长明确家庭的基本教育职责。二是横向互助培训，通过妈妈交流会、爸爸交流会、家庭教育沙龙等形式，组织家长就关心的热点问题展开交流。学校先后邀请了30余位家长做了优秀经验交流。三是外力提升培训，每学期邀请知名专家针对家庭教育中共性的热点、难点问题做专题报告，增强家校合作的智慧与能力。

素质教育，是新的时代对教育者提出的新要求。这个庞大而细致的课题，需要不断探索，不断创新，更需要最忠实地践行。岳峰小学一直以来

让每一个生命挺拔如峰

不断更新教育观念，提高对教育基础性、战略性、先导性作用的认识，以培养学生的创新精神和实践能力为己任，奠定了让学生受益一生的基础。我们期待它在未来的岁月中，不忘初心，砥砺前行，用爱心和责任书写属于岳峰人的华美篇章！

——原载于《中国教育报》2018年6月13日

峰 之 思 ——反思内省篇

思，容也。其本义是深想、考虑。有容乃大，思而后进。没有深入的反思就没有深度的发展，通过反思达到自我内省、自我改进的目的，是个人成长、学校办学的重要路径。

让每一个生命挺拔如峰

幸福来自哪里

　　只有幸福的教师才能培养和造就幸福的学生，只有快乐的教师才能让学生快乐、健康。幸福来自哪里？人生是一场缘分，因与父母的缘分而成为孩子，因与世界的缘分而成为世间一分子，因爱的缘分而成为伴侣，因事业的缘分而成为同事。由此来看，幸福与否在于缘分深浅，莫过如此。生活是一路修行，从生至死，修心、修为、修福、修富、修德、修行、修智、修身，到底修到何种程度，既看天时，也看地利，更看人为。由此看来，幸福与否在于努力与造化。大部分幸福的人是在岗位上兢兢业业的卓越的工作者，幸福不是虚空的等待，而是每一天实实在在的精彩，所谓劳动创造幸福。外在的金钱、名誉绝对不是幸福的基础，而是一把双刃剑，也是幸福天平上的砝码，看得过重，就会倾斜甚至倒掉，追求需谨慎。正确的价值观是获得幸福的源泉，对培养孩子来讲，价值观不可以直接给予，需要示范引领，潜移默化地影响。一个人要幸福，必须在爱的环境中成长，也就是我们所说的"依恋关系"，它是孩子一生人际交往、性格和情绪的基础。作为老师，我们要给孩子营造安全、安静、温馨和柔软的氛围。

　　那教师到底最需要什么幸福呢？是金钱？是名利？是学生的好成绩？还是家长的尊敬、社会的推崇？我想，这些都不是。教师最需要的是一种源于工作的快乐，一种发自内心的快乐，是认识自我、发现自我、发展自我、创造自我和成就自我的快乐。这种精神上的快乐，超越物欲、私欲、权欲，正是教师成为名师乃至教育家不可或缺的思想根基。要做一个幸福的教师，就必须常怀一颗宁静的心，恪守自己内心精神世界的高贵，坚守教育者那份特有的真诚与虔诚。大凡优秀教师，都是内心宁静而又有激情的教师。幸福不是追求的目标，而是在行进的路上的点点滴滴，是内心的感受与心灵的感悟。

前排意识

若不是排好座次，贴好标签，每次开会，或是培训学习，老师们总是喜欢从中间往后坐。其实，坐在哪儿只是一个形式问题，但最重要的是，一个人要保持积极主动的学习心态。有了这样的心态，才有成长的动力，因为只有一个人愿意成长的时候，成长才成为可能。

主动坐在前排正是一种好的学习心态。

美国心理学家萨默的观察也证实了这一点。早在1969年，萨默就通过研究发现：主动选择最前排座位的学生，参与课堂活动的比例达61%，对功课更感兴趣，更愿意主动与老师交流；而选择最后一排以及两边座位的学生，参与比例只有31%和48%，而且在听课时容易走神，喜欢做小动作。

可见，一个人主动选择坐前排，意味着他有更积极主动的心态，意味着他更乐于参与和交流，意味着他对新鲜事物有着更强烈的兴趣、保持着更敏锐的感觉。于是，他也就获得了更丰富的信息，获得了更多展示和锻炼的机会，有了更强的自信心。

主动坐前排，主动作为，遇事不推诿，不抱怨，不后退；想办法，找出路，定措施，事自然就成了。

看来，前排意识应是成功人士的一种新常态，一种文化自觉。

坐座如此，工作亦如此。

班级治理策略

　　班级管理既要有管，也要有理。如何处理"管"与"理"的关系，是衡量一个班主任是否优秀的重要标志。一个优秀的班主任，要追求"管"与"理"的有机融合。缺少了"理"，班主任的工作就失去了魅力和乐趣。一个班主任不能人云亦云，只会机械地忙碌学校安排的事务，而是要把自己的爱心、智慧融入班级，学会用"脚"思考，根据自己的实际情况，发挥自己的特长和优势，在长期的班级管理中逐渐形成自己的个性特色。一个真正优秀的班主任，他的班级不仅能给每个孩子创造成长的机会，更能满足最优秀的孩子的需要。一个好的班主任，要善于用班干部的"闪光点"去影响、感召学生，而一个优秀的班委会，就是一个好班级；要让班上每个学生都有存在感和归属感；要给家长沟通你的带班理念，用学生搞好家校关系，要会借力与家长共营班级；要打造班级品牌、班级文化，没有班级文化，一个班级就没有灵魂和生命，就没有灵气和活力。班级管理的最高境界是文化育人。通过孩子，通过家长，学会表扬老师；每周一歌，每组推荐一首，说出推荐理由；所有活动必须与心灵的脉搏跳动一致才可以！

日行一善，与人为善

人是要心存善念的，否则就会滑向恶的深渊。善念不是想来就来，想走就走的，那是要时时处处去积累、去储存，才能在关键的时刻不加思考地使用。

日行一善，行小善而成大德。善念的积累需要持之以恒，水滴石穿。善念的存储就是我们常提的道德银行，存蓄善念与善行，积累习惯与厚德。长此一往，你就会发现一个非常有趣的现象：和普通银行里支出金钱不一样，在"善"的银行里，人越有善念，越有善良的行动，银行里"善"的资本反倒越用越雄厚。

与人为善就要心怀善念。善待每一位孩子，善待每一位老师，善待每一位家长。

与人为善就要率先垂范。勇于喊响向我看齐，要求别人做到的，自己首先必须做到，因为自己是主要负责人，有责任做全体师生的表率；自己能做到的，不一定要求别人必须做到，因为自己是校长，要努力做一个标杆。

与人为善就要宽以待人。要宽人、谅人、尊重人，从学校发展大局考虑，从师生幸福出发，而不是靠权力压制人、折腾人。胸怀坦荡，公道正派，己所不欲，勿施于人，则风清气正，政令畅通，一呼百应。

清明节思絮

清明节对于中国人，不仅仅是祭祀，更重要的是感恩。

从清明节的来历，我们可见一斑。春秋时，晋公子重耳为逃避迫害而流亡国外，流亡途中，在一处渺无人烟的地方又累又饿，再也无力站起来。随臣找了半天也找不到一点吃的。正在大家万分焦急时，随臣介子推走到僻静处，从自己大腿上割下一块肉，煮了一碗肉汤，让公子喝了，重耳渐渐恢复了精神。当重耳发现，肉是介子推从自己腿割下来的时候，重耳流下了眼泪。十九年后，重耳做了国君，就是历史上的晋文公。重耳即位后重赏了当初伴随他流亡的功臣，唯独忘了介子推。很多人为介子推鸣不平，劝他面君讨赏。然而介子推鄙视争功讨赏，打好行装同母亲到绵山隐居去了。

晋文公听说后羞愧莫及，亲自带人去请介子推。然而，介子推已离家去了绵山。绵山山高路险，树木茂密，寻找谈何容易。有人献计，从三面火烧绵山，逼出介子推。大火烧遍绵山，却没见介子推的身影。火熄后，人们才发现，背着老母亲的介子推，已经坐在一棵老柳树下死了。晋文公见状，恸哭不已。装殓时又从树洞里发现一封血书，上写：割肉奉君尽丹心，但愿主公常清明。为纪念介子推，晋文公下令，将这一天定为寒食节。第二年，晋文公率众臣登山祭奠，发现老柳死而复活，便赐老柳为清明柳，并晓谕天下，把寒食节的后一天定为清明节。

可见清明节的来历正是感恩，我们清明节上坟祭祀先祖，就是传承这种感恩的精神，慎终追远，民德归厚。然而我们在清明节的感恩，好像专注了那些逝去的先人,而淡化了活着的人,身边的人,对自己有恩的人,这是一个莫大的缺失与误解!

  一个生存于充满感恩的社会的人才能珍惜现实,珍视历史,敬重别人,敬畏公德。我们在感恩逝去的历史和人的同时,更应该感恩那些有益于我们生存和发展的人。在祭祀已逝先人,怀念已逝亲人,泪眼婆娑欲断魂时,更应该珍爱身边的人,孝敬老人,感谢养育之恩,莫留"子欲养而亲不待"的遗憾;珍惜爱人,感谢陪伴之恩,莫留失去了才知珍贵的遗憾;善待同事,感谢知遇之恩,莫留错失生命成长中贵人相助的遗憾……

  清明时节雨纷纷,
  追忆先人欲断魂。
  若问感恩何处在,
  身边之人应珍存。

我心中的校长核心素养

　　新时代校长的核心素养,第一应该表现在有大的格局,要忠诚党的教育事业,贯彻党的教育方针,落实国家意志,凝聚民族精神,传承优秀文化,弘扬社会正能量。不忘教育的初心,就是不忘培养什么人的初心,不管如何改革,我们培养的孩子一定是我们这个国家、这个民族和我们自己的小家庭未来能够靠得住的孩子。这是方向问题、路线问题、动力问题。一个方向错误、动力不足的校长很可能会死在半路上。第二要有教育情怀,要用心去做教育。陶行知曾说,"国家把整个学校交给我,我要用整个的心去对待"。要遵循教育规律、儿童认知规律、成长规律,不能人云亦云,瞎折腾,乱作为。要符合规律,要一步一步围绕孩子的成长深化教育教学改革,把学校的事当作自己的事来做,作为一生为之奋斗的事业来做。学校、教育是一个共赢、多赢的平台,只有抱团取暖、共同成长、同步共生、共进退共荣辱,学校才能做大,个人才能成长,价值才能实现。第三要有教育理想,有在教育理想支撑下的教育追求、教育良知、教育坚守。要有崇高的理想,通过自身影响和带动更多的人,为学校、为孩子、为教育、为生命挺拔真正做点事;要清楚把学校带向何方,要绘制美好教育的蓝图。要有自己的品牌、课程、主张。这是支撑自身优秀卓越的载体。第四应该有发展"人"的能力。在学校,"人"就是教师、学生、家长。培养什么样的学生,这是方向问题,要时刻把学生装在心里;要把教师推向前方,千方百计地提升教师专业素养,激发教师内在的潜能,他们

让每一个生命挺拔如峰

是学校发展、学生成长的中流砥柱；把家长拉在身边，办好家长学校，提升家庭教育素养，助力学校管理。从人的意义上去真正发展学校，赋予教师、学生、家长应有的尊严与价值，这是对"新时代校长"的重要考量和检验。

我心目中的小学教育

　　教育就是习惯培养，绝不仅仅是课本知识的学习、背诵、考试。习惯是靠一个一个天真的想法、一个一个幼稚的行为积累而成的，就在于孩子是否有机会和平台。给孩子机会是一种教育智慧：孩子成长的过程不可能都是光鲜华丽的，孩子的表现也不可能总是完美无缺的，关键是要给每一个孩子机会，让他们亲身去体验、去经历，去缔造属于他们自己的人生"第一次"。第一次在众目睽睽之下说话、唱歌、跳舞、说相声，或许很青涩，或许不完美，但是毕竟迈出了第一步，激活了他们内心深处的梦想，可能会影响他们的一生。小学时，毕淑敏被选为合唱团成员，但是老师发现她唱歌跑调，就让她退出，但是因为她个子高，退出后影响了队形，所以老师又把她拉回来，但只许她张口，不许她唱出声音来。从此，她就有了"唱歌和发言恐惧"。到中年时，她还是一个不敢唱歌、不敢在公开场合发言的人。"单位里开会，轮到我发言的时候，我总是提前开溜。"

　　教育管理者所期待、所呈现的教育，应该指向孩子、为了孩子。教育是平等的，让每一个孩子都能获得发展，让每一个孩子都有机会参与，就会发生奇迹，就会成就教育的精彩。

让每一个生命挺拔如峰

我们该怎样看待我们的工作

　　《一个老木匠》的故事我们都耳熟能详。他准备退休，老板问他是否可以最后再建一座房子，老木匠只得答应了。不过老木匠的心已经不在工作上了，用料也不那么严格，做出的活也全无往日的水准，这时他的敬业精神已不复存在。老板并没有说什么，只是在房子建好后，把钥匙交给了老木匠。"这是你的房子，"老板说，"是我送给你的礼物。"老木匠一生盖了多少好房子，最后却为自己建了这样一座粗制滥造的房子。

　　从这则故事里，我们感悟到，无论对待工作还是生活，都要做到认真、严谨、有始有终。一位学者也曾对人生有过这样的感悟：假如你非常热爱工作，那你的生活就是天堂；假如你非常讨厌工作，那你的生活就是地狱。的确，在我们每个人的生活中，大部分时间是和工作联系在一起的，工作是我们的衣食父母，是我们安身立命之所在。

　　很多人都认为工作只是为了领导和单位，其实从长远来看，工作完全是为了自己，因为敬业的人能从工作中学得比别人更多的经验，工作中积攒的经验是自己最有价值的财富，它会帮助你在事业上突飞猛进，取得好成绩。无论身在什么岗位，从事什么工作，拥有的工作经验都会派上用场。想成功就需要努力、坚持、敬业，如果你自认为敬业精神不够，那么趁年轻的时候强迫自己敬业——以主人翁的心态对待职业。

　　静下心来去研究自己的特长，发挥自己的优势，让自己永远充满成长的活力，努力使自己成为一个或许并不完美，但是足够有特色的教师。

　　如果你有唱歌的天赋，就用你的歌声拉近你和孩子的距离；如果你有写作的爱好，就用你的文字感染孩子的心灵；如果你有演讲的潜力，就用你的激情点燃孩子的梦想……如果你什么特长都没有，那么就用你的真诚和爱，本分地教书，真实地面对自己。假如多年后，有一个孩子因为你的歌声而走上了音乐之路，有一个孩子因为你的文字而写出了许多温暖的文字，有一个孩子因为你的鼓励而走上了成功的道路；或许什么都没有，只是我们曾经的教育中发生的点滴细节，与学生当下的人生境遇和行为方式有了千丝万缕的内在联系，只是我们说过的某一句话，做过的某一件事，让学生的生命朝向面对了阳光，那就足够了。

仅此一点，就足以让我们为自己的职业而骄傲。

让每一个生命挺拔如峰

阅读，是个慢功夫

关于阅读教学的重要性，大家心知肚明。每次谈及学校的阅读课程，我总是"眉飞色舞"，天然图书馆的打造，亲子"三关一读"的提倡，书香家庭的评选与推动，超星电子阅读的普及，阅读指导优质课评选，每学期阅读考级，等等。而与领导交流，往往会得到赞许的点头，而后是语重心长的提醒，"语文教学成绩还要再扎实一些啊"；与老师交流，往往也是丝丝抱怨。

我们应该明白，阅读不是一件急功近利的事情，不是一件可以立竿见影的事情，急不来。它适合小火慢炖，应该是知识经验的积累与沉淀，是对生活态度的敏锐与平和，是对生命的滋养和浸润。读经阅典的回应或许在明天，或许在将来，或许就在平时的不经意中，如慢慢地出口成章，慢慢地谈吐似鸿儒，慢慢地腹有诗书气自华。

一是要养成爱读书的习惯。我们每一个人都应该让读书成为自己的一种生活习惯，一种生活方式，因为唯有经常读书，与书为伴，才能积累知识、丰富阅历，不断提升自身的综合素质。给同学们安排两个任务，一是每天互相问一问，同时也问一问自己：今天，你读书了吗？二是我们不比谁的玩具多，而要比一比谁读的书多。

二是要做到持之以恒。我们要把书当成"精神食粮"，就如一日三餐，一时不读，心里发慌。唯有坚持读书，才能不断进步。同学们，读书节只是一个契机，我们倡导的是终身读书的观念，只有这样我们才能做到与时俱进，永不落后。同学们，我期待这样的情景：早上到校以后，听到的是你们朗朗的读书声；上课的时候，看到的是你们认真听讲的样子；自习的时候，看到的是你们安静地做作业或看书的样子；和爸爸妈妈逛街的时候，你们最乐意去的是书店；晚上临睡觉的时候，是在爸爸妈妈的故事中进入梦乡……如果在不同的场合，都能够看到你们旁若无人地静静看书，那么我相信你们离成功不远了。

三是要提高读书的质量。教科书要在老师的引领下精读，经典的段落语句要背诵；经典诵读的内容要朗朗上口；课外书要多读、常读；要省下零花钱，把老师推荐的适合读的书买来或者借来，借助拼音、插图尽量去读；把自己的好书推荐给同学，互相借阅，资源共享；经常参加读书活动，如学着自己制作书签。让我们从读书中获得新知，在读书中享受快乐。

老师、家长是孩子的领航人，更是孩子读书的引领者，要做好三件事，一是为我们的孩子提供一份适合读的书目；二是教给我们的孩子如何读书，如何做与读书相关的活动；三是身体力行，带头读书。书香校园，学习的天堂；书香校园，梦开始的地方。老师，家长，引导孩子爱上阅读，任重而道远，功大而德高。急不得，慢慢来！就让孩子从每天翻一页开始，影响同伴，带动家庭，造福社会。

让每一个生命挺拔如峰

背上行囊，整装再出发

今天，和大家交流七句话，请装进你的行囊，整装再出发：保持一种绅士淑女般的品德修养，掌握一种最有效的学习方法，锻炼一个强健的体魄，培养一个良好的习惯，永存一颗感恩的心，树立一种必胜的信心，确定一个最适合的目标。

1. 保持一种绅士淑女般的品德修养。成才要先成人，求知要先修德。宋代大文豪欧阳修曾说："不修其身，虽君子而为小人。"意思是说，不注意自身的道德修养，虽然是有文化的人，但也会变成品格低下的人。学生时代是我们人生的关键时期，人生之路从这里开始分化，你可能成为英才，走向光明；也可能成为"废品"，误入歧途。因此，我们要自觉地把加强自身德育修养的要求放到我们成长的重要位置上来。我们要自觉遵守学校的规章制度，以此规范自己的言行，约束自己的鲁莽。俗话说："一失足成千古恨，再回头已百年身。""浪子回头金不换。"同学们，人生路上，一步之错，往往造成终生遗憾。我们的人生才刚刚开始，千万不能拿自己的前途开玩笑。

2. 掌握一种最有效的学习方法。在学习上，我希望同学们注意学习方法，正确处理好学习中的几个关系。

（1）计划与学习。俗话说："凡事预则立，不预则废。"学习是一个系统工程，是一个由浅入深、由少到多、逐步深入积累的过程。只有做好计划再学习，才是有目的、有针对性的学习，才能克服学习中的盲目性和忙乱性。

（2）预习与听讲。有的同学认为，反正老师要讲，课前预习是多余的；有些同学则认为，反正有些内容看不懂，预习等于"瞎子点灯白费蜡"……这些看法，往往是造成课堂学习效率低下的原因，尤其是针对我校实施的"支点导学，模块达标"课堂教学模式，预习成为课前甚至课堂中必不可少的关键环节。首先，预习是"侦察"，可打有准备之仗；其次，预习可以使新旧知识有效联结，有利于更好地掌握新知识；再次，预习可以克服听课的盲目性，提高学习效率；最后，预习可以使老师与同学的配合更默契，从而提高学习能力。

（3）课后复习与作业。古人云："温故而知新。"复习是巩固和消化学习内容的重要环节，把所学知识认真复习一遍，该记忆的记住了，该理解的理解了，然后再做作业。假如每次作业都能够做到先复习，然后像对待考试一样对待的话，那就等于一天几次考试，就不会出现平时作业100分，而正式考试不及格的情况了。

（4）独立思考与请教别人。没有独立思考是学不好知识的。思考可以对知识理解得更深刻，可以使所学的东西更扎实，可以使大脑变得更灵活。目前我们教室内的座次排列，对同学们之间交流、合作很有好处，但也造成了一部分同学懒于思考的坏毛病，一遇到问题就忙于请教，这样不好。学习遇到困难时，应该在自己独立思考的基础上求得别人的帮助，但最好不要只问答案，而是要共同探讨，以求开拓思路。

（5）展示与掌握基础知识。展示是我们课堂教学的重要环节，在一定程度上体现了同学们的素质和知识储备量，但同学们如果仅限于把老师或组长分给自己的任务展示出来的话，就有些顾此失彼了。同学们应当在吃透所分任务的基础上更多地去关注其他同学的展示，以达到全面掌握所学知识的目的。学习必须先打好基础，也就是把书本上最基本的概念、定理、公式牢牢掌握，尤其是基本概念，如果概念不清楚，即使死记硬背了一些知识，哪怕是很用功，也是不中用的。

3. 锻炼一个强健的体魄。今天，我提醒同学们一定要重视体育锻炼的价值。现在，我们的同学在体育锻炼方面积极性不高，喜欢上体育课，是因为体育课上可以得到自由，兴趣并非真正在身体锻炼或体育专业技能的提高上。对于每天的早操、课间操，我们一些同学敷衍了事，懒懒散散，

让每一个生命挺拔如峰

队伍站不齐，动作不到位，宣誓不响亮，还有人随意讲话，如此拖拉懒散，起不到锻炼的效果，反而助长了不良习气，懒散了班风，毁坏了学校的形象，必须坚决予以纠正。身体是革命的本钱，是做好一切事情的基础。我校的老师给大家做了一个很好的榜样，请同学们一定要珍惜。

4. 培养一个良好的习惯。行为决定习惯，习惯决定品质，品质决定命运。良好的习惯是从一点一滴的小事体现出来的（不吐痰、不说脏话、对人有礼貌、列队靠右行走、入室即静、入座即学）。

5. 永存一颗感恩的心。父母养育了我们，老师教育了我们，朋友帮助了我们。当调皮贪玩时，你们是否记得父母面朝黄土背朝天汗流浃背的情景？是否记得老师苦口婆心的谆谆教导？父爱如山，母爱似水，师恩如海，学会感恩吧，这是一种美德，更是力量的源泉，"滴水之恩，当以涌泉相报"，回报的就是学业的进步，做人的正直。

6. 树立一种必胜的信念。信念是一个人的精神支柱，是前进的动力，就如这次表彰，有掌声，有荣誉，也有泪水，有悔恨。我提醒大家要记住的是：胜不骄，败不馁，永不服输。我真行，我能行，我一定行要成为大家的信条。

7. 确定一个最适合的目标。目标决定着方向、决定着成就的大小，同学们要依据自己的理想，做一个人生设计，将来你们中有刘翔、姚明，有袁隆平、钱学森，更有比尔盖茨、帕瓦罗蒂，以及更多承担着各种社会责任的有识之士。同学们还应该确立一个个小的、跳一跳就能摘到桃子的阶段目标，并不断地征服它，达到积土成山、积水成渊的目的。

峰之赋 ——岳峰赋

巍巍泰山,泱泱汶水,齐鲁大地,东岳为峰。京沪京福,纵行千里,纵穿华夏,直指泰山。泰山根盘齐鲁,高耸入云,绵延千百里,上下千万仞。

岳峰赋

巍巍泰山，泱泱汶水，齐鲁大地，东岳为峰。京沪京福，纵行千里，纵穿华夏，直指泰山。泰山根盘齐鲁，高耸入云，绵延千百里，上下千万仞。

零九公元，市府指点江山，寥寥数月，区府倾情奉献，岳峰立足，岱下欢颜。融齐鲁文化之精髓，承百年大亨之德行，汲五岳独尊之灵气，孕育岳峰之沃土。

四岳一馆兮培育英才，五苑四路兮陶冶灵智，三场两壁一廊兮锦上添花。山登绝顶兮人立高峰，知探无涯兮我臻上乘。根深叶茂兮通天彻地，厚积薄发兮探索无穷。

人文岳峰承古传今，质量岳峰掷地有声，艺体岳峰百花齐放，绿色岳峰健康人生，红色岳峰继往开来。人人成才，人人登峰，负势竞上，千百成峰。

喜我学子，最是志存高远；乐我学子，深谙登高必自。路漫漫求索不止，心悠悠情系中华。德行于实，智循于序，体践于行，美源于心。书声朗朗，荡精之流韵；乐歌阵阵，传艺之形神。岳峰少年，气养浩然，明德善学，勇于登攀。

敬我师者，知人善教，开启学生心窍；慕我师者，敢为人先，传授知识秘奥。博学不穷，笃行不倦，兼爱齐山，励学日新；天道酬勤，书卷养心，德艺双馨，润物无声；因材施教兮庠序指南，推本溯源兮点石成金。

育名师，激三千以崛起，群贤荟萃，熔炉再锻；育英才，生命挺拔如峰，养习立德，佳音不断。青青子衿，孜孜园丁；志凌五岳，胸纳四溟。

最喜是，展未来，创齐鲁名校，率师奋勇登攀；教于斯，学于斯，铸就栋梁才，报效国家。